アカン！DX

デジタルトランスフォーメーション

木村 岳史
日経クロステック 編集委員

日経BP

はじめに

今、日本企業はこぞってＤＸ（デジタルトランスフォーメーション）に取り組んでいる。様々な企業によるＤＸ事例がＩＴ系メディアをにぎわし、バラエティー系テレビ番組にさえＤＸという言葉が登場するようになった。あるファンドマネジャーによると「投資先の全ての経営者が自社のＤＸについて語るようになった」という。まさに「空前のＤＸブーム」と言ってよい。

ＤＸに取り組もうとしているのは企業だけではない。政府機関や地方自治体でさえＤＸの必要性が叫ばれるようになった。新型コロナウイルス禍の経済対策などのために導入したシステムが軒並み使い物にならず、「日本はＩＴ後進国」との認識が一気に広まってしまった。そうした失態もあってか、菅義偉政権ではデジタル庁の創設などを打ち出し、「行政のＤＸ」を推進する姿勢を明確にした。

だが、私は日本で取り組まれているＤＸの大半は失敗に終わると見ている。この本のタイトルに則して言えば、日本企業などの試みの大半は「アカン！ＤＸ」である。ＤＸを平たく言えば「デジタル（ＩＴ）を活用したビジネス構造の変革」だ。変革すべきビジネス構造は企業ごと、あるいは行政機関ごとに様々であろうが、ＤＸの主眼はあくまでもトランスフォーメーション、つまり変革である。その本質を理解しようとせず、いたずらに「デジタル」を叫ぶ。

例えば、スマートフォンアプリを作っただけでもＤＸだ。新型コロナ禍対策としてテレワークを導入したことをもって「我が社もＤＸができた」と喜ぶ愚かな経営者も大勢いる。社内にＤＸ推進組織を設置したものの「何をしてよいか分からない」と担当役員が困惑している企業もある始末。ある調査によると「ＤＸの重要性を理解しているものの、現場任せ」という経営者が４割もいるというから、あきれるしかない。

要は「ＤＸに取り組まなければならない」と言ってみたものの、誰も本気でビジネスモデルや業務のやり方、組織文化などを変革しようとは思っていないのだ。スマホアプリの活用やテレワークの導入、つまりビジネスや業務の一部でデジタルを活用することをもって、ＤＸと称しているだけである。既に「ＤＸの活用」や「ＤＸの導入」といった言い回しも平気で使われるようになった。従来の「ＩＴの活用」や「ＩＴの導入」と何ら変わらないほど、ＤＸブームは腐り始めているわけだ。

このままでは、かつて流行したＢＰＲ（ビジネス・プロセス・リエンジニアリング）など、ＩＴを活用した変革の取り組みと同様、ＤＸも日本のあちらこちらで失敗に終わるだろう。そうなると、日本にとっては破滅的事態だ。既に世界では、かつての産業革命に匹敵するデジタル革命が始まってから四半世紀の年月が流れている。そのデジタル革命の波に乗り遅れた日本で今、DXが軒並み失敗するような事態になれば、日本はIT後進国どころか本当の後進国に転落してしまう恐れがある。

本書はそうした危機感から編集したものである。私は日経BPの技術系デジタルメディア「日経クロステック」に「極言暴論」というコラムを持ち、8年にわたり日本企業／行政機関のIT活用の問題点や日本のIT産業の不条理などを追及し続けてきた。その極言暴論のDX関連記事を加筆修正したものを中心に、本書をまとめ上げた。

一読していただければ、日本企業や行政機関のDX、そしてそれを支えるIT産業の構造的問題が明確に見えてくるだろう。単なる一般論ではなく、あなたの会社、あなたが所属する組織におけるDXの課題が「見える化」できると思う。あえて極言暴論の書きぶりを残したので反感を覚える人もいるだろうが、その反感をバネにご自身が取り組むDXをより良きものに「変革」していただけたら幸いである。

2021年5月

日経クロステック編集委員　木村 岳史

第４章　日本のＤＸを阻むＩＴ業界の惨状

第1章

日本企業や官公庁のDX狂想曲

その1

デジタルにおける失われた20年 コロナ禍が暴露した日本のトホホな現状

かつて日本には「失われた20年」という経済の大スランプ期があった。1990年代から2000年代がその時期に当たり、多くの企業の経営が立ち行かなくなったことで、早期退職や雇い止めなどリストラの嵐が吹き荒れた。いわゆる「ロスジェネ世代」を生み出した就職氷河期もこの時期である。

その後、「アベノミクス」の効果はいかほどだったのかの議論はともかく、2013年以降は日本の景気は立ち直り、2020年に開催するはずだった東京オリンピック・パラリンピックを当て込んだ投資も活発になった。失われた20年がとても厳しく殺伐とした時代だったのでその反動もあってか、最近まで誰もが「あぁ、やれやれ」と安心し切っていた。

ところが、今回の新型コロナウイルス禍がそんな安心を吹き飛ばした。希望の象徴だった東京オリンピック・パラリンピックは延期となり、経済も暗転した。そして新型コロナ禍は、日本のトホホな現実まで暴き出した。実は日本の失われた20年はもう1つあり、そちらは今も継続中だったのだ。

もう1つの失われた20年は、次のように言い換えると分かりやすいだろう。「デジタル化における日本の失われた20年」である。最近は企業、そして国や社会におけるデジタルトランスフォーメーション（DX）の必要性が叫ばれ、「DXに真剣に取り組まなければ、世界のデジタル革命の潮流から取り残される」といった危機感が語られている。だが、これはとんでもない間違いだ。

なぜ間違いなのか。既に日本の企業や社会は世界のデジタル革命の潮流から完全に取り残されてしまっているからだ。DXという言葉が3～4年前から急速にはやり出してバズワードとなったために、世界中の企業がDXに取り組み出したのは最近のことだと勘違いしているのんきな人が多いが、そんなことはないぞ。ビジネスのデジタル化、社会のデジタル化は20年以上前から営々として取り組まれてきた。

その意味では、21世紀は「デジタルの世紀」だ。これについて反論はないはずだ。21世紀になって米国ではGAFA（グーグル、アップル、フェイスブック、アマゾン・ドット・コム）が巨大化し、韓国や中国もIT先進国、デジタル先進国として台頭した。最近では東南アジアをはじめとするデジタル新興国も躍進している。ひとり日本だけが21世紀になった途端、デジタル化の歩みを止めた。日本は今も「ものづくりの世紀」である20世紀に取り残されたままなのだ。

20年の歳月を空費した官民の不作為

日本にとって不幸だったのは「元祖」失われた20年と、デジタル化における失われた20年がおよそ10年の差でオーバーラップしたことだ。「元祖」失われた20年は1991年に始まったバブル崩壊が引き金だ。かたや、デジタル化における失われた20年は2000年のネットバブル崩壊によってもたらされた。

このように書くと、「元祖」失われた20年とデジタルにおける失われた20年は相似形のイメージになるが、内実は全く違う。元祖失われた20年は、ものづくりに主軸をおいた日本の「勝利の方程式」が成り立たなくなり苦しみ抜いた年月だった。一方、デジタルにおける失われた20年は、日本の多くの企業や政府がデジタル化に背を向けた不作為の期間にすぎない。

元祖失われた20年の真っ最中である1995年に、あの地下鉄サリン事件と阪神・淡路大震災が起こる。「豊かで安心な日本が失われてしまった」と思うほどの衝撃を与えたが、この年にはインターネットの爆発的普及につながるＷｉｎｄｏｗｓ95の発売というポジティブなインパクトもあった。日本でもＥＣ（電子商取引）などネットを使ったビジネスの試みが芽生えた。今から捉え返せば、ネットバブルに至るまでの時期がビジネスのデジタル化の前哨戦のようなものだった。

この時期の話は、本当に今のＤＸブームとよく似ているぞ。大企業のＥＣやネットマーケティングの試みは、今のデジタルサービス立ち上げを目指すＰｏＣ（概念実証）とほとんど変わらない。余計なことを言えば、うまく行かない点もよく似ている。ベンチャー企業が続々と誕生し、大企業との協業、今風に言えばオープンイノベーションが流行したのも今と同じだ。

だが２０００年のネットバブル崩壊で全てが暗転する。楽天などのベンチャー企業はともかく、多くの日本企業はビジネスにおけるネット活用、つまりビジネスのデジタル化の取り組みを中断する。企業の経営者にＩＴ活用の見識がなかったし、２０００年と言えば元祖失われた20年のど真ん中だから、お金が出て行くばかりの試みを続ける余裕もなかったのだろう。かくして、元祖失われた20年のど真ん中で、デジタル化における失われた20年が始まることになったわけだ。

全く間の悪いことに、その翌年の２００１年に政府がｅ-Ｊａｐａｎ戦略を発表する。「我が国が5年以内に世界最先端のＩＴ国家となることを目指す」とした例の国家戦略である。おそらくネットバブル崩壊の前から準備していたのであろうが、首相が交代したこともあり、事実上お蔵入りとなる。こうして官民とも不作為を決め込み、日本はデジタルの世紀に世界から取り残されることになった。

新型コロナ禍で露呈した悲惨な真実

いやぁ、20年間を無為に過ごした日本は、本当に世界から完璧に取り残されてしまったね。ベンチャー企業はそこそこ頑張っているが、既存の企業はほとんど駄目。ＧＡＦＡをはじめとする米国生まれのデジタルディスラプター（デジタルによる破壊者）に、自社のビジネスを侵食される事実にようやく気付いた企業は今、ＤＸに必死に取り組んでいるが、20年間の無作為のつけは大きい。それでも必死な企業はまだよいほうだ。何もしないか、デジタルごっこでしかないＰｏＣでお茶を濁す企業が圧倒的多数派だからだ。

社内には老朽化した「手づくり」の基幹系システムがいまだに鎮座している。「西暦2000年問題」で改修したシステムを使い続けているという企業は数多い。欧米や新興国の企業がとっくとＥＲＰ（統合基幹業務システム）などのパッケージソフトウエアやクラウドサービスに移行しているのに、いまだに「20世紀の遺物」のような我流のシステムが日本企業に多数存在するわけだ。

しかも最近まで、仕事のやり方は「対面、紙、ハンコ」が基本であり続けてきた。例えばＩＴの仕事なのだからデジタル化やリモート化が当然のはずのシステム開発ですら、この３原則が生きていた。なぜか多数のＩＴベンダーの技術者を１カ所に集める。なぜかＥｘｃｅｌで作成した進捗報告などを紙に打ち出しハンコを押してファイリングする。そんな前世紀の慣習が長く存続してきた。

で、今回の新型コロナ禍により問題が一気に表面化した。当初はテレワークに移行しようとしても、ＩＴ環境や仕事のやり方がリモートに対応できない。ＶＰＮ（仮想私設網）が整っていないので、基幹系システムにアクセスできないので出社せざるを得ない。同じ理由で、１カ所に技術者を集めた「３密」状態でのシステム開発を強行する。はたまた、紙の請求書に社印を押すために出社するといった喜悲劇が多くの企業で繰り返されてきたわけだ。

公共サービスでも惨状は同じ。縦割りの行政では省庁ごと、地方自治体ごと、あるいは部門ごとの「俺様システム」が林立する。その大本の問題を放置したまま、電子申請システムなんかをつくるから、使い物にならないものが出来上がる。ｅ-Ｊａｐａｎ戦略で「国の全ての行政手続きの電子化」がうたわれていたので、各官庁はアリバイ的に電子申請システムをつくったりした。ところが、使いにくすぎて全く利用されなかった。結局、システム構築に費やした税金をドブに捨てただけで終わった。

今回の新型コロナ禍でも「惨事」が起こった。その典型は、後で詳しく振り返る一律10万円の特別定額給付金でのトラブルだった。マイナンバー制度の個人向けサイトに専用フォームを設け、マイナンバーカード保有者がオンライン申請をできるようにしたまではよかったが、実務を担う地方自治体の中には申請データを紙に打ち出して手作業で住民基本台帳と照合したり、入力ミスをチェックしたりするなど人海戦術で対処したところもあった。

そう言えば、オンライン教育やオンライン診療も遅々として普及が進まない。新型コロナ禍に見舞われても、義務教育の小学校や中学校は多くがオンライン教育を実施できなかった。オンライン診療は新型コロナ禍でようやく初診からの実施が認められたが、「例外中の例外」という関係者の声が強く、新型コロナ禍の収束後に初診から利用できるのは「かかりつけ医」にとどまる可能性もあると言うから、本当に何を考えているのかである。

このままで先進国としての日本はジ・エンド

今、「ウィズコロナ、アフターコロナの時代に何をなすべきか」といった議論がちまたにあふれている。だが、まず認識すべきは「デジタルにおける日本の失われた20年」が今も続いているという現実だ。日本や日本企業はいまだに21世紀という「デジタルの世紀」を生きておらず、20世紀という「ものづくりの世紀」の残骸の中にいる。つまりウィズコロナ、アフターコロナでなすべきことは、20年の遅れを取り戻すことだ。

それこそ官も企業も必死でDXに取り組むしかない。「かつての産業革命に匹敵する」と誰もが認めるデジタル革命の大きなうねりに、日本や日本企業は20年も背を向けてしまっていたのだから大変だ。もし必死にDXに取り組まず、デジタルにおける失われた20年が25年、30年と続くことになったら、それこそ日本は先進国から転落し二流、三流の国に成り下がってしまうぞ。

大げさに言っているのではない。リープフロッグという言葉をご存じだろうか。日本語ではカエル跳び、あるいは跳びガエルと訳す。先進国が歩んできた発展段階を一気に跳び越えて、新興国で最先端のサービスなどが普及する現象を指す。その典型が日本を一気に跳び越してIT先進国、デジタル先進国に躍り出た韓国や中国だ。今後、他の新興国も続々とリープフロッグで日本を飛び越していく可能性が高い。

日本はものづくりの世紀にものづくり大国として先進国になったから、その成功体験からなかなか抜け出せない。その時代に確立した意思決定のやり方、ビジネスの手法、政策遂行の仕組みなども強固なレガシーとして残っている。だからこそＤＸが難しい。だが、もはや四の五の言っている場合ではあるまい。少子高齢化が容赦なく進行するなかで、デジタルの世紀の手前で立ち止まっているようでは、先進国としての日本はジ・エンドである。

不幸中の幸いだが、今回の新型コロナ禍により日本でもＤＸに取り組むための土壌が一気に出来上がった。ステイホームによって、多くの仕事が突然デジタルファーストになった。テレワークが標準の働き方になり、営業活動もＷｅｂ会議システム活用が普通のこととなった。「例外中の例外」だったとはいえ、初診からのオンライン診療が認められたのも画期的だ。まさにデジタルファーストがニューノーマル（新常態）となったわけだ。

あとはこの土壌を生かしてＤＸを進めればよい……。ただ問題はＤＸを推進するリーダーシップだ。ＤＸは「デジタルを使った変革」であるため、強力なリーダーシップがない限り変革は不可能だ。しかし「世界最先端のデジタル国家をつくる」、「製造業からデジタル企業に脱皮する」などとぶち上げることがリーダーシップだと勘違いしている政治家や官僚、経営者が多い。彼らを「ＤＸ人材」に変革するすべはないものか。

その2

ブームは既に腐り始めている日本企業の「猿でもできるDX」が本当にやばい

既に腐り始めていると言ったほうがよい。何の話かと言うと、日本で今やピークに達したDXブームのことだ。何せ「DX」という言葉がどんどん溶解しているからだ。

最近、ある識者が「DXの活用」などと述べているのを知って腰を抜かしそうになった。DXとは「デジタル技術を活用したビジネス構造の変革」、短く言うなら「デジタル変革」だぞ。どうやったら「『デジタル変革』の活用」なんてできるのだ。目まいがするほど驚いたのだが、つい最近も「DX＝デジタル化」とする経済記事を見つけて本当に腰を抜かしてしまった。そう言えば「DXの導入」なんてフレーズを目にしたこともあったな。もうめちゃくちゃである。

これって単に言葉の誤用といった程度で済む問題じゃないぞ。ここまでDXという概念がぐちゃぐちゃになっているのは、個々の企業が取り組んでいるとするDXの状況を反映している。試しに「DXの活用」と「DXの導入」のDXを「デジタル」に置き換えてみるとよい。ほら、何の違和感もなく納まるだろう。さらに「IT」に置き換えてみると、「ITの活用」「ITの導入」となる。つまり日本企業におけるDXの取り組みが、これまでのIT活用やIT導入と何ら変わらないレベルに堕落しつつあることを反映しているわけだ。

実際、新型コロナウイルス禍によって強いられたテレワークをもって「我が社のDXの取り組み」とするアホな企業を散見する。経営者がTeamsやZoomを使って経営会議を主宰できるようになったとか、テレワークを阻害するハンコを全廃したとかでDXが進展していると錯覚しているのだろう。だがそれって、単に既存の業務をそのままデジタル化したにすぎない。その意味では、まさに「DX＝デジタル化」に堕落してしまっているわけだ。

「従来の顧客相手に従来通り仕事をするならテレワークでも可能だが、新規開拓ができない」と嘆く声をよく聞くようになった。おいおい、新型コロナ禍でテレワークを導入してから、どれくらいの月日がたったんだ。その間、デジタルを活用した営業手法の変革を考えなかったのだろうか。それこそがDXである。そう言えば、ある企業のオンラインセミナーの受講をWebで申し込んだら、Zoomの使い方を記したチラシが郵送されてくるというシュールな体験をさせてもらったが、これもその類いの話だろう。

そう言えば、DXを巡って「不穏な空気」が漂い始めている。天変地異や社会変動に直面すると、人や社会には変革の機運が芽生えるものだ。実際に新型コロナ禍により、DXに取り組むとする企業が一気に増えた。だが、危機があまりに長引いていることもあってか、企業の間では変革より「守り」の意識が芽生え始めている。そんな状況なので企業のDXの取り組みが変質し、空前のDXブームが腐り始めているのだ。

「BT」という魂を抜かれたDXの悲惨

2021年1月に2度目の緊急事態宣言が発出されたことで、ますます「変革より守りだ」とする企業は増えたようだ。だが、このDXブーム、というか「DXバブル」と言ってよい状況はしばらく続くだろう。何せ菅義偉首相がデジタル庁の創設などDXの推進をぶち上げているわけだし、株主や投資家の手前もあり、経営者がDXの旗を降ろすことはないはずだからだ。つまり、日本におけるDXブームは当分の間続く。

一方でDXブームは今後ますます腐っていく可能性が高い。何度も「腐る」と書いているが、その意味するところはDXの中身が変質してしまうということだ。DXから「魂」が抜かれると言ってもよいかもしれない。DXの魂は「変革」であって、決して「デジタル」ではない。DXから変革という魂を抜いてしまえば、単なるデジタル化しか残らない。そうなれば確かにテレワークの導入も「DX」だし、「DX＝デジタル化」との解釈も間違いではなくなってしまう。

日本ではあまり注目されなかったが、随分前に「ビジネストランスフォーメーション」の必要性が叫ばれたことがあった。BXではなくBTと略していたのだが、このBTが何かと言えば、「ITを活用したビジネス構造の変革」である。つまり今のDXは本質的にBTと何ら変わるところはない。言い方を換えれば、DXの本質とは「ビジネスの変革」、つまりBTであるわけだ。

言葉としてBTは全くはやらなかったが、DXは一気にバズワードとなった。トランスフォーメーションを「T」ではなく「X」と略したのはセンスが良い。DTではここまでバズることはなかっただろう。もちろん、BTがほぼ無視されDXがここまで注目された背景には、他に要因がある。スマートフォンやクラウドなどの急速な普及により、ビジネスにおける競争軸が大きく変わったからだ。

このあたりの話は詳しく説明する必要はないと思う。最も分かりやすいのはGAFAなどのプラットフォーマー、そしてデジタルディスラプター（デジタルによる破壊者）の登場だ。彼らによって既存の小売業などが大打撃を受けるのを目の当たりにして、多くの日本企業がデジタルを前提にして、そしてデジタルを活用して自らのビジネスの変革に取り組まなければ、えらいことになると理解した。だからDXがバズワード化し、実際にDXに取り組もうとする企業が急増したのだ。

にもかかわらず、である。そのDXから魂が抜かれようとしている。先ほど「DXの本質とはBT」と書いた通り、抜かれようとしている魂はBTである。DXからBTを抜き取ったら、DXの本質は何も残らない。そうなれば逆に、何でもかんでもがDXとなる。スマホ向けにアプリをつくってもDXだし、オンラインセミナーを開いてもDX、ほぼ現行通りに基幹系システムを再構築してもDXだ。

魂を抜かれたDXは、当然のことだがハードルが下がる。つまり「猿でもできるDX」となる。単なる比喩で言っているのではない。本当だぞ。Zoomを使って猿回しの芸を見せることができるからな。テレワークやオンラインセミナーも所詮、その程度のものだ。DXが猿でもできるのであれば、さすがにどんな企業でもDXに取り組める。かくしてDXブームは腐りながら、まだまだ続いていくことになる。

「2025年の崖」が生み出した大いなる勘違い

改めて言うまでもないとは思うが、猿でもできるDXではなく本物のDXで具体的に何をやらねばならないかを記しておく。大別すれば2つの領域がある。1つはデジタルを活用した新規ビジネスの創出だ。もちろん、小さなビジネスを立ち上げただけではDXとは言えないが、そのビジネスが成長して企業のビジネス構造を変えるようになれば、立派なDXだ。もう1つはデジタルを活用して既存のビジネスを変革すること。そのためには老朽化して変革の足かせとなる基幹系システムなどの刷新も不可欠となる。

では、DXから魂が抜かれ、猿でもできるDXに成り果てたら、この2つの領域の取り組みはどんな形になるのか。デジタルを活用した新規ビジネス創出の領域は、いわゆる「デジタルごっこ」の巣窟となる。「失敗を恐れず新しい試みにチャレンジする」とか経営者は威勢の良いことを言っても、実際には幾つかのPoCをやり散らかしておしまい。担当者も担当役員も経営者も、誰も責任を取らない。そんなぬるい取り組みをもって「我が社のDX」と称する。

後で詳しく述べるが、デジタルを活用した新規ビジネス創出の取り組みが猿でもできるDXなのは、今に始まった話ではなかった。日本企業の取り組みは、最初から魂が抜かれたDXがほとんどで、それが今でも続いている。もっとも最近では、スマホアプリなどを使った試みで多少でもうまくいった事例があれば、我も我もと模倣するケースも増えてきた。もちろん、これも本物のDXとは言えない。言うならば「猿まねDX」である。

もう1つの領域、デジタルを活用した既存ビジネスの変革のほうはどうか。こちらの領域での魂が抜かれたDXも、ひどい結果となる。既存ビジネスの変革は単なる建前となり、基幹系システムなどの刷新が自己目的化されるだろう。これはDX以前に前例がいくらでもある。例えば「業務改革のためのシステム刷新」と称してプロジェクトを始めたが、業務改革は利用部門の抵抗などで挫折、ほぼ現行通りのシステムを再構築したことをもって改革が成功したことにする、といったものだ。魂の抜かれたDXも恐らく同じパターンとなるだろう。

ここに興味深い文書がある。経済産業省の「デジタルトランスフォーメーションの加速に向けた研究会」がまとめた「DXレポート2（中間取りまとめ）」である。DXレポートと言えば、例の「2025年の崖」を警告した報告書である。多くの企業がデジタルごっこのようなPoCに興じていた2018年9月に、「老朽化した基幹系システムを刷新しないとDXなんてできないよ」といった趣旨の警告を記した報告書だ。その主張があまりにも的確で、かつ面白すぎるため、私は高く評価した。

今回のＤＸレポート２はその続編なのだろうけど、なんとその中で次のような「自己批判」を展開している。「先般のＤＸレポートでは『ＤＸ＝レガシーシステム刷新』等、本質的ではない解釈を生んでしまい……」。まさにこれである。２０２５年の崖のインパクトにより、日本企業の経営者に基幹系システム刷新の必要性を知らしめさせたまではよかった。だが、基幹系システムの刷新案件について人月工数を膨らませて受注したいＩＴベンダーの思惑もあり、見事に魂の抜かれたＤＸ、つまり単なるシステム開発に堕落させられたわけだ。

結局のところ、ＤＸから魂を抜く作業は今に始まったわけではなく、随分前から進んでいたと認識したほうがよい。突然の新型コロナ禍に襲われたことより経営者がＤＸにやる気を見せたので私も油断してしまったが、それは大きな間違いであった。「ＤＸの活用」や「ＤＸの導入」といった言葉が平気で飛び交うのは、そうしたやばい状況の反映にすぎないのだろう。

ＳＩｓにＥＲＰ、日本企業は愚劣なＩＴ活用の繰り返し

こんな状況なので、日本でＤＸブームはこれからも続くものの、腐り果てる可能性が高

い。そうなると悲惨だぞ。猫も杓子《しゃくし》も猿でもできるDXをやって、なんとなくDXができた気になる。だが、それは日本企業のこれまでの愚劣なIT活用と何ら変わるところがない。で、当然のことながら、グローバルで進展するデジタル革命に完全に乗り遅れ、多くの企業が衰退の道を歩み、日本はIT後進国から本物の後進国に転落する——。まあ、そんなところだ。

ここで若い読者のために、愚劣なIT活用の代表例を紹介しておこう。古い例では1990年ごろに戦略情報システム（SIS）のブームがあった。基幹系システムなどを整備することで、売れ行きや在庫情報などをリアルタイムにつかみ、経営者が素早く意思決定できるようにしようという取り組みだ。今から見れば当たり前のコンセプトだが、当時はそんなシステムさえまともにつくれなかったし、経営者が素早く意思決定しようとしないから話にならなかった。最後はSISを提唱していたITベンダーがパソコン在庫の山を築くというマンガ的なオチがつき雲散霧消した。

その後、ERP導入による業務改革がブームとなる。ERPを全面導入するのでビッグバンプロジェクトなどと呼ばれた。ERP導入に踏み切った企業は「先進企業」ともてはやされたが、実はそのほとんどがうそ八百だった。業務改革とは名ばかりで、アドオンの山を築く。で、アドオンを作る理由として「独自の業務プロセスが我が社の強みだ」などとうそを重ねた。当然、大金をはたいても大した効果を得られなかったし、プロジェクトが大炎上する例も後を絶たなかった。

そう言えば「ＥＲＰ＝統合基幹業務システム」とせざるを得ないことに、私はじくじたる思いを感じている。完全に定着している表記なのでどうすることもできないが、ひどい日本語訳である。ＥＲＰはEnterprise Resource Planningの略称だから、本来なら「全社的リソース計画（システム）」とでもすべきだった。これだったら「ＥＲＰは経営資源の全体最適を図るためのシステム」との理解が進んだかもしれない。「ＤＸ＝デジタル化」との解釈が登場しているようでは、ＤＸも「いつか来た道」をたどることになる。

このほかにもＢＰＲ（ビジネス・プロセス・リエンジニアリング）などのブームがあったが、いずれも何らかの「変革」を目指したものだった。だが、結果はどれも皆、愚劣なIT活用で終わってしまった。DXもこんな状況では、同じ結果になるのではないかと本当に心配だ。これまでなら失敗を重ねても致命傷にはならなかったが、ＤＸは違う。かつての産業革命に匹敵するデジタル革命の波に乗れるかどうかの瀬戸際なのだぞ。

読者の中には「様々なメディアでＤＸの先進的な事例が幾つも紹介されているので、そんなに悲観する必要はないのではないか」と思う人もいるかもしれない。確かにそうだ。私も何度か、先進的な取り組みを直接聞いている。だから、ＳＩＳやＥＲＰのビッグバンプロジェクトのときのように、うそ八百ばかりと思えない。それに以前なら、経営者自身がＩＴを語ることはほとんどなかったが、今はどんな経営者もデジタルやＤＸを語る。これは決定的な違いだ。

だが実は、大半の企業は実質的に何もしていないか、ＰｏＣでデジタルごっこを始めたばかりの段階なのだ。要は「ＤＸに取り組むぞ」と経営者らが言っているだけなのだ。一方、デジタルディスラプターなど脅威が間近に迫っている企業は、それなりの危機感をもってＤＸに取り組んでいる。つまり、ごく一部の先行企業とその他大勢の企業と差が激しい。そうすると、その他大勢の企業が今後「ＤＸ＝デジタル化」と捉え、「ＤＸを導入」し「ＤＸを活用」するようになれば……やはり考えるだけでも恐ろしい。

DXの焦点

「我が社のDX」熱く語るだけで現場任せの経営者、調査に見る日本企業の大問題

日本企業の間で、意外なほどDXの「裾野」が広がっていない。経済産業省が2020年12月末に公表した報告書「DXレポート2（中間取りまとめ）」によると、

92%の企業が「未着手」や「一部での実施」のレベルにとどまっていたという。

この数字は、2020年10月時点で223社が自社のDX推進状況について自己診断した結果を、情報処理推進機構が分析したものだ。明確な問題意識を持って自己診断した企業ですらこの程度なのだから、日本企業全体では本格的にDXに取り組んでいる企業はまだわずかと考えたほうがよい。

1年前と比べても、DXへの取り組みが進んだとは言いがたい。2019年の同様の自己診断では、「未着手」「一部での実施」の企業が95%というから、わずかに改善した程度である。報告書も「新型コロナウイルスの感染拡大を受けた結果、事業継続に対する危機感の高まったことでDXが加速しているのではないかと期待されたが、残念ながら顕著な状況改善は見られなかった」と失望感を表明している。

もう1つ気になる数字がある。日経BP総合研究所がまとめた「デジタル化実態調査(DXサーベイ)2020年版」によると、DXに関する経営者の姿勢で「重要性を理解しているものの、現場任せ」(37・5%)と「重要性を理解していないし、無関心」(4・9%)を合わせると42・4%に達する。

2020年7月~8月に実施し、865社から有効回答を得た調査で、同様の調査は1年前にも実施している。そのときの「現場任せ」(41・6%)と「無関心」

（5・2%）の合計は46・8%なので、DXを「我が事」と考えない経営者の割合は高止まりの状態にあると言ってよい。

求められる経営者の意識改革

これらの数字に違和感を覚える読者は多いはずだ。2020年は新型コロナ禍により人同士の接触が難しくなり、テレワークの全面導入などIT活用が一気に進んだ。デジタルへの関心も高まり、DX推進に取り組むとする企業は急増していたはずだ。実際に、投資先の企業の経営者らとミーティングを重ねている、あるファンドマネジャーは「新型コロナ禍を機に、全ての経営者が自社のDXについて語るようになった」と話していた。

にもかかわらず2つの調査では、9割以上の企業が本格的にはDXに取り組んでおらず、4割以上の経営者がDXに関して現場任せか無関心であるとする。しかも、2019年と数字に大きな変化が見られない。DXレポート2の筆者ならずとも「新型コロナ禍によってDXへの取り組みが加速しているはずなのに、一体これはどういうことだ」と不審に思わざるを得ないだろう。

ただし、DX推進の遅れについてはある程度、合理的に説明できる。DXはデジタルを活用したビジネス構造の変革のことであり、必然的に全社的な取り組みとなる。当然、そう簡単には全社的な変革に取り組めず、しばらくの間は何らかのデジタルサービスの立ち上げなど「一部での実施」レベルにとどまるのはやむを得ない。従って、本格的にDXに取り組む企業がなかなか1割を超えなくても、それほど悲観することはないのかもしれない。

むしろ問題は経営者の意識の低さだ。DXに無関心な層はごくわずかとはいえ、DXの重要性を理解していながら現場任せにする経営者が、依然として4割近くに上るのは問題だ。株主や投資家の目を意識して「我が社のDX」を熱く語ったとしても、DXを「我が事」とせずに現場任せにしているようでは話にならない。全社的な変革は、経営者の強いリーダーシップがなければ不可能なのは自明のこと。経営者の意識改革が求められる局面である。

その3 「失敗を恐れずデジタルに挑戦」という発言お笑いネタになるワケ

もう大笑いである。某大企業のCIO（最高情報責任者）が「当社も失敗を恐れずデジタルに挑戦する風土が出来上がりつつある」と発言するのを聞いたからである。「やはり木村は失礼な奴だ」と思った読者はご安心いただきたい。いくらなんでも面と向かって大笑いなどしない。「いや、そうじゃなくて。失敗を恐れず挑戦することをなぜ笑うのか」。そう非難する読者もいると思うので、順を追って説明しよう。ホント大笑いである。そもそも「失敗」って何なのさ。

実のところ、最近のユーザー企業の変貌ぶりには驚かされる。つい最近まで「ITなんか、よう分からん。デジタルって何なのさ」と言っていた大企業の経営者が突然、「我が社もDXを推進するために……」などと語り始めたからである。それだけでなくDX推進組織を置き、社長や実力派の副社長が「CDXO（最高DX責任者）」を名乗ったりする。陣立てだけを見ると、米国のデジタル先進企業と遜色がないように思える。しかも1

社や2社だけの話ではない。多くの大企業がＤＸを語る経営者とＤＸ推進組織を取りそろえているのだ。今では「ＩＴなんか、よう分からん。デジタルって何なのさ」とぼやく経営者は、大企業ではむしろ少数派だ。まさにＤＸブーム、恐るべしである。

では、そんな陣立てで一体何をやるのかと聞くと、一気に話がふわふわしてくる。いや、中身がスカスカと言ったほうがよいかもしれない。ＤＸの定義自体があやふやで、話す人によって変わる。最大公約数でいうと「究極の目標は、デジタルによってビジネス構造やビジネスモデルの変革を図っていくことだが、とりあえずはＡＩ（人工知能）やＩｏＴ（インターネット・オブ・シングズ）を活用したデジタルサービスを立ち上げよう」といったところだろうか。

リーンスタートアップ風に小さなデジタルサービスの試みから始めよう、というのは良い選択である。いきなりビジネス構造やビジネスモデルの変革だと大上段に構えると、ろくな結果にはならない。日本企業の場合、欧米や新興国の企業が成し遂げたＥＲＰによる業務改革にすら挫折しているぐらいだから、ビジネスモデル変革といった難易度の高い取り組みにいきなりチャレンジするのは無謀というものだ。

1億円をつぎ込むPoCの成果とは？

さて、ここからが大笑い本番である。何らかのデジタルサービスをスモールスタートで立ち上げることも難易度が相当高い。何せITベンチャーと同じやり方を、確立された仕事を確実に遂行することに慣れた既存企業の人たちが取り組むのだ。しかもAIやIoTといったデジタル技術（つまり先端のIT）を活用するわけだから、もう右も左も分からない。なので、SIerやITベンチャーの入れ知恵を得て、いわゆるPoCに取り組んだりする。

こう書くとデジタルの担当者は大変そうだが、実はそうでもない。まず事業部門にとって、こうしたPoCの取り組みはとてもおいしい。なんせ経営者が「何でもよいから、デジタルをやれ！」と号令をかけているのだ。とにかくPoCをやれば得点になる。かくして複数の事業部門を抱える大企業では、デジタルサービスの創出を目指すというPoCの花盛りとなる。DXの第一歩なのだからPoC間で整合性を取る必要があるはずだが、誰も気にしない。てんでばらばらでPoCに取り組む。

第2章で詳しく解説するので、ここでは「てんでばらばらでPoC」の件については、あえて目をつぶる。それにDX推進組織がデジタルサービスの創出に向けて一元的に

ＰｏＣに取り組んでいる企業もあるので（この場合は事業部門の協力が得られなかったりするのだが）、あまり一般化しすぎるのもよくないだろう。事業部門ごとにＰｏＣに取り組もうが、ＤＸ推進組織が一元的に取り組もうが、とにかくこのＰｏＣの取り組みが笑いの種なのである。

今や日本企業が取り組むＰｏＣは死屍累々《ししるいるい》だ。ごく一部の取り組みを除けば、事業として意味のあるデジタルサービスに成長させられずに終わる。概念を実証するだけだからそれほどカネはかかっていないと思うかもしれないが、例えばメガバンク級の金融機関では1件のＰｏＣに1億円を費やすケースもあるそうだから、日本企業全体でみれば相当額がムダ金として費やされたはずだ。２０１７年の今ごろから「ＰｏＣバブル」が始まったが、同時に多くの企業で一種の「ＰｏＣ疲れ」が広がったとも聞く。

「デジタルサービスの創出は新規事業の試みだから、そうやすやすとは成功しない。むしろ失敗するのが普通で、失敗を恐れずチャレンジするなかで事業の可能性が見えてくるのではないか。それをムダ金と言うのはおかしい」。そう異議を唱える読者がいたら、それはおっしゃる通りである。私もそう思う。ただ冒頭で書いた通り、そもそも失敗とは何のか。実は日本企業によるＰｏＣの取り組みの大半は失敗もしていない。単にデジタルをやっているつもりになっているだけである。

「失敗を恐れず挑戦する」の意味

そもそもデジタルサービスの立ち上げを目指すPoCにおいて、成功あるいは失敗とは何なのだ。「AIやIoTなどを使ったサービスを事業化できれば成功。でも、どんな企業が試みても難しいのだから、失敗しても仕方がない」。おそらく多くの企業のPoCはそんなところが落とし所だろう。それどころか、事業につながらなくても何らかのデータを取れればよいなどと、成功のハードルを思いっきり下げている企業も多いはずだ。

本来、「失敗を恐れずチャレンジする」ことは「失敗してもいいや」とは全く違うはずなのだが、なぜかデジタル案件になると、その辺りがごちゃ混ぜになる。だからデジタルに取り組む担当者も特別扱いになる。PoCといえども新規事業の取り組みなのだから、詳細な事業プランがあって経営会議で徹底的にダメ出しされてしかるべきなのだが、「既存事業と同じ管理のやり方では、担当者が失敗を恐れて萎縮してしまう」といった理屈で、ユルユルのマネジメントが横行する。

ITベンチャーの場合と比較すると、それがより鮮明になる。大企業のPoCと同じ考えで進めていたら、ITベンチャーはたちどころに潰れてしまう。いや、そもそも起業なんかできないだろう。投資家に厳密な事業プランを説明して資金を出してもらい、事業の立ち上げと収益化に向けて、それこそ必死で働き、結果を出そうとする。そうした姿勢やマインドこそが「失敗を恐れずチャレンジする」ことであって、失敗しても痛くもかゆくもない大企業のＰｏＣとは何もかもが違う。

ＩＴベンチャーであろうが既存の大企業であろうが、デジタルサービスという新規事業を創り出そうというのだから、明確なＫＰＩ（重要業績評価指標）が必要なはずだ。最初から収益化は不可能であっても、サービスの利用者数など目標はあるはずだ。その達成度合いを厳密に測って、未達ならばそれまでの施策が失敗したわけで、失敗の原因を分析し、新たな仮説や施策を立てて再チャレンジする。責任者は経営会議に結果を報告して、役員らの厳しい追及に対して的確な〝申し開き〟を行う必要もある。

「それが当たり前とちゃうか」と私は思うぞ。ところが、既存企業の取り組みの多くは、そんな厳しさはなく、ユルユルのアマアマである。そんなＰｏＣをいくつ取り組んだところで、デジタルを使った新規事業を立ち上げられるわけがないし、ましてやＤＸの第一歩になるはずもない。冒頭の「失敗を恐れずデジタルに挑戦する風土が出来上がりつつある」というＣＩＯの発言が大笑いという意味もお分かりいただけたはずだ。

前にも似たようなことが……だから笑うしかない

実は、事業化につながらないPoCばかりでPoC疲れを患った企業からは「結局、うちにはデジタルサービスを立ち上げたり、DXを主導できたりするような変革人材がいない」との嘆きも聞こえてくる。「失敗を恐れず挑戦する風土が出来上がりつつある」という能天気な認識とは正反対の発言だが、私から言わせれば「何をアホなことを言ってんの、オッサン」である。もちろん面と向かっては大笑いもしないし、そんな失礼なことは言わないぞ。

そもそも、デジタルサービスを立ち上げて変革を担えるようなスーパーな人材がごく普通の日本企業にいるわけがないではないか。そうではなく、デジタルサービスの立ち上げや変革プロジェクトを通して育つ可能性があるだけのことだ。「DXに取り組まないと、この会社に未来は無い」と危機感を持ったり、デジタルサービスのアイデアを暖めていたりする若手に機会を与えて、本物の変革人材が生まれてくる（かもしれない）のだ。

ただし、その機会とは「失敗してもいいや」という、どうでもよいPoCではない。自分のやりたいことだけをやって結果に責任を持たなくてよい、などという角砂糖のように甘いお遊びを何十回、何百回やったところで、まともな人材なんか育たない。むしろ遊んでいる期間の分だけ、将来有為だったかもしれない人材を劣化させるだけだろう。必要なのは、先ほど書いたような新規事業立ち上げの最中での修羅場を体験できる機会だ。

もう一度書くが、失敗すればその責任を負わなければならない。その責任を負ったうえで、なぜ失敗したかを分析し、新たな仮説や施策を立てて再挑戦する。それが「失敗を恐れず」だ。考えてみると、多くの企業のＰｏＣでは、誰もがそんな責任を負わない。担当者、プロジェクト責任者、そして経営者も結果にコミットしようとしない。で、ＰｏＣの結果、愚にもつかない報告を経営会議に上げて「やはりデジタルは難しいな」と皆でうなずき合って終わる。

「似たような話が以前もあったな」と思ったら、先ほど紹介したＥＲＰによる業務改革がまさにそれだった。ものすごい時間とコストをかけたが、誰も責任を取ろうとしないので何の改革も成さず、単にＥＲＰのアドオンを無数に作っただけで終わった。ドイツの哲学者ヘーゲルが言い、マルクスが加筆したと伝わる言葉に次のようなものがある。「歴史は二度現れる。一度は悲劇として、もう一度は喜劇として」。だから、やはり大笑いするしかないのだ。

その4

「2025年の崖」で当分食っていける SIerがDXに本気になった真意とは

「お客さまのデジタルトランスフォーメーション、デジタル変革を支援する」――。最近、大手SIerの経営幹部がやたらとDXを連呼する。DXという言葉が登場した頃には「DX！ DX！」を連呼するのは外資系ITベンダーの幹部やマーケターぐらいで、SIerの幹部は「DXなんて、いつものバズワードでしょ」と冷ややかに見ていた。変われば変わるものである。

システム開発などで元請けを務めるSIerの幹部が「DXだ。デジタル変革だ」と騒ぐようになったのは、もちろんDXに対する客の関心が高まったからだ。ご用聞きで「お客さまに寄り添う」ことをモットーにするSIerとすれば当然の反応。重要な客である大企業の経営者らが米国や中国などでデジタル化の動向を目の当たりにして危機感を持ち、IT部門などに「デジタルで何かやれ」と命じたりしているから、IT部門にへばり付いているSIerとしてもデジタルを語らざるを得ない。

「ＤＸで基幹系システムの刷新案件をゲットする」という思惑もある。ＤＸはデジタルを活用したビジネス構造の変革だから、ＡＩなどを活用した新規事業の立ち上げを図るだけではダメで、全社的な変革のため基幹系システムも刷新すべし――。そのように説く、例の経済産業省の「ＤＸレポート」がＳＩｅｒの思惑をかき立てた。

レポートのタイトルについた「２０２５年の崖」という言葉がキャッチーで素晴らしかった。根拠は薄弱とはいえ「２０２５年までに老朽化したシステムを刷新しないと大変な事態になり、ＤＸも無理」とのメッセージが多くのユーザー企業に浸透した。これに飛び付いたのがＳＩｅｒである。もし「２０２５年の崖」への問題意識から多くの客が基幹系システムの刷新を計画してくれるなら、ＳＩｅｒは当面それで食っていける。そこでＳＩｅｒの経営幹部たちは軒並みＤＸを語り始めたわけだ。

だが、ご用聞きの人月商売の悲しさである。コンサルティング能力を全く持たないＳＩｅｒは、客の経営者相手にまともな提案をできない。日本企業の中には「ＤＸで何をどう変革してよいのか分からない」という企業も多く、コンサルティングも必要になる場合が多いのだが、ＳＩｅｒにはそれができない。

仕方がないので、ＡＩやＩｏＴなどをネタにしたしょぼいＰｏＣを手伝うとともに、いつ意思決定されるか分からない基幹系システムの刷新を気長に待つ。それがＳＩｅｒの経営幹部が言うところの「お客さまのDXを支援する」の偽らざる中身なのだ。そんなSIerの「DX戦略」に腰を抜かした話を次に紹介しよう。

「はぁ、DXをやるのはウチじゃないよ」

少し前に、ある大手SIerの経営幹部に「御社のDX戦略は？」と尋ねたところ、「お客さまのDXを支援するため……」と説明し始めた。どうもおかしい。その取り組みはどれもこれも、システム開発や保守運用といった従来の人月商売にすぎない。で、ようやく気が付いた。私の質問の仕方が悪かったのだ。確かに「DX戦略は？」と聞けば、DXをネタにしたビジネス戦略と受け取られても仕方がない。

そこで次のように聞き直した。「顧客企業のDXに関連してどうビジネスするかではなく、御社自身のDXをどう推進するのかについて聞かせてください」。これを聞いて、SIerの幹部は一瞬あっけに取られたようで、「はぁ、DXをやるのはお客さまであってウチじゃないよ」との言葉が返ってきた。

今度は私があっけに取られる番である。というか、腰を抜かしそうになった。どう考えても変革が最も必要なのは、「1カ月1人あたりいくら」の人月商売という前時代的な労働集約型のビジネスを続けてきたＳＩｅｒのほうだ。にもかかわらず、この幹部は「ＤＸはウチには関係がない」と言い切ったのだ。「お客さまに〇〇の必要性を説いているのに、ウチは〇〇ができていなくって」といった紺屋の白袴的な話は何度か耳にしたが、ここまで極端なケースは初めてだ。

「よく客にＤＸの必要性を語れるな」とあきれてしまったが、それ以上は言っても無駄なので話を打ち切った。さすがに今は、この幹部も悔い改めたかもしれないが、この能天気さには恐れ入った。記者としてというよりも、激しいデジタルディスラプション（デジタルによる破壊）に襲われてＤＸ無しには生き残れない出版業界に身を置く者としては、うらやましさすら覚えてしまう。

ひょっとしたら、この幹部にはある種の誤解があるのかもしれない。人月商売、つまりシステム開発や保守運用のビジネスはそもそもＩＴ（デジタル）の仕事だから、これ以上デジタル技術を活用する余地は無いという具合にだ。ユーザー企業でもＩｏＴなどデジタル技術を使ったサービスを作る取り組みがＤＸだと思っている人がいまだに数多くいるから、この幹部がそう勘違いしても不思議ではない。

もちろんＤＸの本質はデジタル活用にあるのではない。本質はあくまでもビジネス構造、あるいはビジネスモデルの変革であって、デジタル活用はその手段にすぎない。踏み込んで言えば、デジタルの時代に対応するためにビジネスを変えていくならば、たとえ最新のデジタル技術を利用していなくても、立派なDX、デジタル変革である。

その意味では、私がずっと主張してきたし、SIerの幹部たちが経営課題としてずっと語り続けてきた既存の人月商売からの脱却こそが、SIerにとってのDXに他ならない。「なぁんだ、結局その話か」と思うことなかれ。SIerの幹部は本音ではずっと人月商売のぬるま湯に漬かっていたいのかもしれないが、それでは滅びるしかない。常々SIerの幹部は言っているではないか。「DXに取り組まなければ、どんな企業も生き残れません」と。

富士通が少しやる気を見せたが……

その意味で富士通が最近、少しやる気を見せている。かつての国産コンピューターメーカーの雄も今ではSIer最大手、つまり人月商売を主たる業務とする「労働集約型産業の巨人」になってしまったが、経営幹部には少なくとも「デジタルの時代にこのままじゃまずい」という問題意識があるようだ。

富士通は客のDXを支援するコンサルティング会社「Ridgelinez（リッジラインズ）」

を2020年4月に設立している。戦略策定からビジネスモデルや業務プロセスの設計、技術の選定、運用方針の策定、実行計画の策定、協業の枠組み作りまで、DXのコンサルティング全般を担当するという。私は「デジタル時代にはコンサル能力がITベンダーには不可欠」と考えているので、遅すぎるとはいえ歓迎すべき話だ。

SIerが人月商売から脱却するには、つまり自らのDXを成し遂げるには、少なくとも次の3つの能力・機能が必要になる。DXを巡って経営者や事業部門の相談相手となり得るコンサルティング能力、デジタルサービスの開発を支援できるアーキテクトやプログラマーの存在、そしてサービスを実装するインフラやプラットフォームの提供である。

なぜその3つが必要なのか。理由は簡単だ。ユーザー企業が本気でDXに取り組むには最新技術などの動向を踏まえながら事業変革に向けた戦略を立案し、その戦略の下でデジタルサービスを素早く開発しなければならない。そうするとSIerが客から頼られる存在になるためには、客のDX戦略を支援するコンサル能力に加え、素早くサービスを立ち上げるためのプログラミング能力とその基盤となるプラットフォームを提供できないといけなくなる。

だがご存じの通りで、SIerはそれらを持ち合わせていないか、持っていても十分ではない。客のIT部門にご用を聞くだけだったからコンサルは不要だったし、ウオーターフォール型の大規模システム開発ではプログラミングといった「下流の仕事」は下請けITベンダーに丸投げすればよかった。プラットフォームは先行投資が必要でリスクが高いから、データセンターなど確実にニーズが見込めるものだけにとどめている。

そんなわけなので、このままではSIerは確実に滅びる。何せ「お客さまに寄り添う」ことすら不可能になるのだ。SIerの経営幹部が言う「お客さまのDXを支援する」など絶対に不可能だ。従って客が本気でDXを推進するようになればなるほど、SIerも自らのDXに取り組まなければならない。「DXはウチには関係がない」と言っているようでは、客から用済みとなって捨てられるだけである。

変われないSIerなら無価値なので、下請けと共に消えるべし

ちなみに「既存の人月商売」からは脱却する必要があるとはいえ、人月商売自体はやめる必要がない。よく考えてもらうと分かると思うが、デジタル時代に必要なコンサル能力とプログラミング能力は人月商売の形で提供しても一向に構わない。もともとコンサルは付加価値の高い仕事だし、しょぼいPoCで終わらないデジタルサービスのアイデアまで実装していくアーキテクト兼プログラマーの仕事の付加価値も高い。その価値に見合う人

月単価を取ればよいのだ。

既存の人月商売がけしからんのは、ソフトウエア開発などの知的活動の付加価値を一切評価せず、単なる作業量での評価におとしめてしまう点だ。３００万～５００万円といった単価が取れるなら、付加価値が認められるわけだから立派なビジネスだ。いずれにせよ同じ人月商売のビジネスモデルなのだから、ＳＩｅｒにとって絶対に越えられないハードルではないはずだ。

プラットフォームの提供はビジネスモデルが違う。だが、実は既にプラットフォームを持っているＳＩｅｒは意外に多い。例えば旧来の流通ＥＤＩ（電子データ交換）も、小売りや卸などの客向けのプラットフォームといえる。何もプラットフォームを持たないＳＩｅｒも、ＡＷＳ（アマゾン・ウェブ・サービス）などの汎用的なクラウドサービス上で、特定業種や業務向けのプラットフォームを構築していけばよいから、これも絶対に無理というわけでないだろう。

ただし１つ問題がある。コンサルもプログラミングもプラットフォームも自社のリソースを使うのが基本だから、ＩＴ業界の多重下請け構造を活用して売り上げを水膨れさせる既存の人月商売に比べて売り上げが落ちる。コンサルなどの単価がどんなに高くても、プラットフォームサービスの客をどんなに獲得しても、既存の人月商売に匹敵する売り上げを得るのは容易ではない。

つまりＳＩｅｒが自らのＤＸに本気に取り組めば、その過程で売上高は減る。大概の経営者は売り上げが落ちることに恐怖を覚えるらしいが、良いではないか。客のニーズの変化に合わせて、技術者らを既存の人月商売から新たなビジネスに移していく。売り上げが落ちても客は喜ぶのだから「お客さまに寄り添う」ＳＩｅｒとして本望だろう。利益率を上げて利益を落とさなければ株主に説明もできるはずだ。

当然のことだが、その過程で長く世話になった下請けＩＴベンダーは切り捨てる。つまり下請けを犠牲にして生き残るわけだ。一見ひどい所業のようだが、ＩＴ業界の多重下請け構造というブラックな世界は一刻も早く消え去ったほうがよいから正しい行いである。もっとも「ウチにはコンサルや本物のプログラマーになれる人材もいないし、プラットフォームもできっこない」というＳＩｅｒなら無価値なので、下請けＩＴベンダーと一緒に消え去ったほうがよいだろう。

その5

コロナ対策で政府のＩＴ活用はコントなのか透けて見える構造問題

自動販売機の中に人がいた――。昔、テレビ番組でそんなコントを見た記憶がある。子供の頃の古い記憶で、恐らく１９７０年ごろのことだろう。自動販売機にお金を入れて飲み物を買おうとするのだが、どうもおかしい。実は自動販売機の箱の中には人が入っていて、飲み物を受け口に出していた。自動販売機ならぬ手動販売機、そんなコントだった。

今のように自動販売機は普及しておらず、田舎ではまだまだ珍しかった頃なので、子供心にもとても新鮮で面白かったのを覚えている。しかしそれにしても、あれから50年、半世紀の時を経て同じ光景に遭遇するとは夢にも思わなかった。もちろん同じ光景と言っても自動販売機のコントではない。今回の新型コロナウイルス禍によって見えた国や地方自治体のＩＴ活用のトホホな現実が、まさに「自動販売機の中に人がいた」と同じ光景なのだ。

何の話かと言うと、新型コロナ禍の経済対策として一律10万円を給付する特別定額給付金に絡む例のトラブルだ。2020年春にシステムの不備などからマイナンバーカードを使ったオンライン申請が大混乱に陥ったが、その大混乱の中に「自動販売機の中に人がいた」と同じ光景が交ざっていた。

トラブル自体は既に詳しく報じられているのでくどくどと書かないが、ポイントは次の通りだ。マイナンバー制度の個人向けサイト「マイナポータル」に専用フォームを設け、マイナンバーカード保有者が給付金のオンライン申請をできるようにしたまではよかったが、実際の業務を担う各自治体のシステムが間に合わない。専用フォームでは申請者の入力ミスをチェックできないこともあり、自治体の現場は大混乱に陥った。

で、自治体の中には、職員がオンライン申請データを紙に打ち出して目視、手作業で住民基本台帳の住民情報と照合したり、入力ミスをチェックしたりするなど人海戦術で対処したところもあったという。マイナンバーカード保有者はオンラインで「電子申請」したはずだが、その裏で自治体の職員が手作業で処理していた。まさに「自動販売機の中に人がいた」ならぬ「システムの中に人がいた」状態である。

それにしても、何でこんなトホホな状態になってしまうのか。コント版「自動販売機の中に人がいた」は自動販売機が本格的に普及する前の話だが、リアル版「システムの中に人がいた」はITが普及して数十年たちデジタルの時代を迎えた今の話だ。これはもう

ＩＴ活用力がどうのこうのというレベルの話ではないな。それ以前の日本の構造的問題と言ったほうがよいだろう。

日本のＩＴ活用の駄目さ加減を満天下にさらす

断っておくが、「システムの中の人」になることを強いられた自治体の現場の人たちを批判しているわけではないぞ。彼らは被害者だ。給付金を必要とする人に一刻も早く届けようと奮闘しているのに、国が思い付きのようにオンライン申請システムをつくってしまったので、余計な仕事が増える羽目になった。オンライン申請のほうが郵送での申請より給付が遅れる事態にもなりかねない。決して口には出さないだろうが、「何てことをしてくれたんだ」といった心境だろう。

本来的には、国のオンライン申請システムの完成に合わせて、各自治体の対応システムも出来上がっていれば、こんなトホホな事態に追い込まれずに済んだはずだ。オンライン申請システムの入力ミスのチェック機能などにしても、もう少しましなものがつくれなかったのかという問題もある。だとすると、自治体などのＩＴ部門や受託したＩＴベンダーが悪いのかという話になりそうだが、それも違う。

そもそもシステム開発の期間が短すぎた。新型コロナの感染予防のため3密を避けなければならないが、これまでリモート開発をやったことのない技術者が多いはずだから、勝手が違ってコミュニケーションギャップが生じる場面が多かったはずだ。全くの準備不足のまま開発に乗り出さざるを得なかったのだろう。その責任の多くをシステム開発の現場に負わせるのは不当である。「新型コロナ禍という非常事態なのだから、爆速できちんとつくれないのか」という非難もあろうが、これは爆速開発というよりも泥縄開発である。

今回の新型コロナ禍では、日本のＩＴ活用の駄目さ加減を満天下にさらすことになった。新たな患者の報告などをファクスでやり取りしていたためにミスや遅延が発生し、集計結果が実態と合わず、厚生労働省や自治体が正確な数字を把握できていないといった事態も発生した。こんなざまでは他の先進国や新興国から「日本はＩＴ後進国だ」と笑われても、文句は言えまい。

何でこんなトホホな状況になったのか。国や地方の行政機関だけでなく日本企業にも共通する大問題だが、トップに立つ者にリーダーシップが欠如しているからだ。これまではＩＴを分からないトップが多いことが原因だと浅く考えていたが、本質はそこではない。問題の核心はリーダーシップの欠如である。この問題をさらに掘り下げてみたいと思う。

日本はまさに今、取り返しのつかない競争力格差に直面している

そもそも行政機関へのオンライン申請、電子申請を実現すると、国が「意思決定」したのはいつだったのか。各種行政手続きを原則、電子申請に統一するデジタルファースト法が成立したのは2019年5月だから、雇用助成金などの電子申請が新型コロナ禍に間に合わなかったのは、やむを得ないように思える。だが思い出してほしい。「e-Japanだ」「電子政府だ」「電子自治体だ」と言い出したのは、もっと前の話だ。

2001年1月に出された国家レベルのIT戦略「e-Japan戦略」には次のように記されている。「2003年までに、国が提供する実質的にすべての行政手続きをインターネット経由で可能とする」「地方公共団体に対しては、住民ニーズなどに対応したオンライン化を計画的に実施するよう要請する」——。もはやギャグとしか言いようがない。当時の内閣が策定した国家戦略であるにもかかわらず、大臣や官僚のトップがリーダーシップを発揮して戦略を実現しようとした気配は、まるっきりない。

後で詳しく触れるが、e-Japan戦略には不吉な予言が記されてあった。「我が国のIT革命への取り組みは大きな遅れをとっている。（中略）変化の速度が極めて速い中で、現在の遅れが将来取り返しのつかない競争力格差を生み出すことにつながることを我々は

認識する必要がある」。日本はまさに今、取り返しのつかない競争力格差に直面しており、その惨状の一端が新型コロナ禍によって世界中に知られるところとなってしまったわけだ。

一見すると、これはIT化（今風に言えばデジタル化）に対するリーダーシップの欠如のようだが、問題の本質はそれではない。ITは手段でしかないわけだから、IT化で何を目指そうとしているのか、それに対してリーダーシップが発揮されているのかが重要なのだ。例えばマイナンバー制度。2020年6月1日時点におけるマイナンバーカードの普及率（交付枚数率）は16・8％という悲惨な状態だった。そんな「少数」の保有者向けのオンライン申請でさえトホホな状況に陥ったわけだが、それは表層的な問題にすぎない。

米国は社会保障番号を使って、2週間で給付金を個人の銀行口座に直接振り込んだのに、なぜ日本ではマイナンバーを使っても申請だけでこんなに時間がかかるのか。なぜマイナンバーを導入しても、行政機関が保有する個人情報は細切れのままなのか。なぜマイナンバーは個人の銀行口座にひも付いていないのか。なぜマイナンバーカードの保有を義務化しないのか。システム開発などに多額の税金を投じたにもかかわらず、なぜマイナンバー制度はここまでポンコツなのか。

もちろん個人情報保護上の問題や国民の政府に対する不信感などをクリアできていない

から、こうなったわけだが、そもそもマイナンバー制度は社会保障と税の一体改革の要となる制度だったはず。本当に必要ならば、政治家らが本来在るべき制度の形を提示して国民を説得し、マイナンバーカードの保有も法律で義務付けるべきだったのだ。それこそが民主主義における政治家のリーダーシップというものだろう。

ところが今のマイナンバーカードの普及策を見ても、そんなリーダーシップとは無縁だ。そうではなく国民を「利」で釣ろうとしている。マイナンバーカードを取得すると、キャッシュレス決済の買い物で25％のポイント還元が受けられるようにしたのは、まさに国民を利で釣る策の典型だ（その効果で普及率は3割程度に高まったのだが）。給付金のオンライン申請も「迅速な給付」という利で釣ろうとしたと邪推してしまうが、その策は悲惨な結果に終わった。

変革を主導しないトップを量産する日本の構造問題

既にお気づきだと思うが、DXに失敗する日本企業の問題と同根なのだ。企業の業務改革やDXがうまくいかないのは、経営トップが変革にリーダーシップを執ろうせず、尻込みしたり先送りにしたりしようとするからだ。全社的な変革はトップの強い意志と指導力がなければ不可能だ。国や自治体の制度を変えるのであれば、なおさらである。

だから日本の国や自治体、そして企業のＩＴ活用が駄目なのは、トップがＩＴを分からないからというよりも、変革に向けてのリーダーシップという最も重要な職務を放棄しているからだ。職務放棄さえしなければ、その職務を実現するうえでＩＴがどれほど役に立つ道具、あるいは武器であるかが分かるはずなので、必然的にＩＴが分かるトップとなる。

ところが日本では産業界や政界、官界を問わず、変革に向けてのリーダーシップを全く執ろうとしないトップばかりが量産される。デジタルの時代になったので、こうしたトップも「ＩＴを活用しないとまずい」とぐらいは思う。で、「ＩＴを使って何とかしろ」と現場に丸投げする。丸投げされた現場は、従来の縦割り組織や業務のやり方を踏襲してシステム化するしかないから、新型コロナ禍のような非常時には使い物にならないシステムが出来上がる。

ＤＸが世界の潮流になった今、このままでは日本は完全に取り残されてしまう。変革に向けてのリーダーシップを全く執ろうとしないトップが量産されることは、まさに日本の構造問題である。なぜそんなトップが量産されてしまうのかは、日本企業、特に大企業のありようを見ればすぐに分かる。縦割りの事業部門が並列する「事業部門連邦制」の組織にあって、年功序列の枠組みの中で勝ち上がってきた人がトップになるからだ。

そんな大企業のトップは、自分の出身母体である事業部門の利害を気にかけるだろうし、他の役員の「シマ」である各事業部門の利害にも配慮せざるを得ない。その結果、事業部門を横断する全社的な変革に及び腰になる。官僚組織も全く同じだ。というか、企業よりも官公庁のほうが、その傾向が強いであろう。では、政治家はどうか。うーん、駄目だ。政界も完璧な年功序列だったな。

本来なら政治家は国民に選ばれるわけで、支持を集めれば若くしてトップに上り詰めることができる。実際に外国では30代、40代の首相が何人も誕生している。だが日本の場合、現状ではあり得ないことだ。与党に所属していようが、長年の「下積み生活」を経て様々な利害の調整能力を磨いて初めて、大臣などを狙える立場になる。結局のところ政官財とも、ごく少数の例外を除き、変革を許容しない組織にどっぷり漬かった人しかトップに立てないのだ。

さて、どうしたものか。そうだ、こうした日本の閉塞感を破るのは、いつも「黒船」だったな。変革に向けてのリーダーシップを全く執ろうとしないトップに率いられた、抵抗勢力だらけの組織を変えるには、幕末の黒船のような外部からの強力な一撃が必要というわけだ。その意味では、新型コロナは十分に黒船、チェンジエージェントになり得るはずだったのだが……。

その6

20年後の惨状を完璧に予言したのに失敗したe-Japan戦略、DXも二の舞いだぞ

「我が国のDXへの取り組みは大きな遅れをとっている。変化の速度が極めて速い中で、現在の遅れが将来取り返しのつかない競争力格差を生み出すことにつながることを我々は認識する必要がある」。これは日本政府の文書だが、誠にごもっともである。ただし本物の文書を私が少し改変している。読者の皆さんはどこをどう変えたかお分かりになるだろうか。

答えは冒頭の「DX」だ。原文では「IT革命」と記している。実は、この文書は先程少し触れた「e-Japan戦略」である。20年前の21世紀初頭、2001年1月に出された国家レベルのIT戦略（今風に言えばデジタル戦略）を示したものだ。Twitterでのやり取りでフォロワーの人から、e-Japan戦略を今読むと趣深いと教えてもらい、改めて読み返してみて、この一文に出会った。

思わず笑ってしまった。本当は笑えない事態なのだが、もう笑うしかない……と言った

ほうがよいだろう。何せ、この一文は20年後の日本の今を完璧に予言している。日本や日本企業が世界の「ＩＴ革命」に乗り遅れた結果、今や米国、そして中国などのＩＴ（デジタル）先進国に、日本は取り返しのつかない競争力格差をつけられてしまったからだ。

２００１年以降、米国では直前のネットバブル崩壊を乗り越えたアマゾン・ドット・コムやグーグルがクラウドサービスを生み出し、アップルがｉＰｈｏｎｅを世に送り出し、フェイスブックが誕生してＳＮＳを普及させた。その後、ウーバーテクノロジーズなど新興ＩＴ企業が続々と誕生した。そして中国や東南アジア諸国などでも、米国企業のＩＴビジネスを完全コピーしたＩＴ企業がグローバル企業に成長しつつある。

で、日本はどうかと言うと、ただただ下を向くしかない。実は１９９０年代後半には日本でもネットビジネス（今風に言うとデジタルビジネス）の取り組みが盛んだった。楽天をはじめとする新興ＩＴ企業が続々と誕生したし、日本エアシステム（現・日本航空）が世界に先駆けて航空券のチケットレス販売を始めるなど、既存企業もそれなりに頑張っていた。だが、ｅ‐Ｊａｐａｎ戦略を発表した前年のネットバブル崩壊で全てが暗転した。

今思い出しても涙、涙である。楽天など一部は生き残ったが、多くの新興ＩＴ企業がバタバタと倒れた。既存企業の間でも「ネットビジネスは所詮虚業だ」などと言って、ＥＣなどから手を引く既存企業が続出した。ちなみに日本政府の取り組みはどうだったか。

e-Japan戦略では「2003年までに、国が提供する実質的にすべての行政手続きをインターネット経由で可能とする」とあるから、こちらもやはり笑うしかない。

悪い事は重なるものである。企業のIT部門も例の「2000年問題」の取り組みが一段落するとやることがなくなってしまった。で、多くのIT部門で要員が大幅に削られてシステム開発能力はもとより保守運用能力も失い、ITベンダーへの丸投げが常態化するようになった。ハードウエアが売れなくなってきたコンピューターメーカーも含めITベンダーがこれに食い付き、日本のIT業界は人月商売を主たる業務とする労働集約型産業に落ちぶれていった。

日本はIT後進国どころか本物の後進国に転落する

記事の冒頭で、e-Japan戦略の一文にある「IT革命」を「デジタルトランスフォーメーション」に置き換えてみせたが、読者の皆さんは何の違和感もなかったはずだ。理由は2つある。DXは企業の取り組みとして語られるケースが多いが、本来は国や社会の変革までも意味する言葉だからだ。つまりIT革命と同義、別の言い方をすれば「デジタル革命」である。

もう1つの理由がトホホなのだが、当時の状況認識が今もそのまま当てはまるからだ。違いは、状況がさらに悪くなった点だけ。つまり、こうだ。「我が国のDXへの取り組みは大きな遅れをとっている。変化の速度が極めて速い中で、過去の遅れが現在の取り返しのつかない事態を招いており、将来さらなる競争力格差を生み出すことにつながることを我々は認識する必要がある」。

そう、だから皆、この危機的状況をよく認識してくれ。既に取り返しのつかない事態になっているとはいえ、今回またDXの波、デジタル革命の波に乗り遅れたら、日本はIT(デジタル)後進国どころか、本物の後進国に転落してしまう。下手をすると、存在感のないアジアの辺境国となり、日本企業は中国をはじめとするアジア諸国の企業の下請けとなり、多くの国民が厳しい暮らしを強いられるようになるかもしれない。

おそらく、というか、どう考えても今日の「DXブーム」がラストチャンスだろう。「今までできなかったのだから、日本ではDXは無理」との悲観論もあるとは思うが、悲観するのはまだ早い。なぜならば、経済の大スランプ期「日本の失われた20年」のど真ん中にいた2001年当時と比べても、今のほうが日本や日本企業が追い込まれており、危機感が強まっているからだ。

新型コロナウイルス禍だけが問題なのではない。少子高齢化がいよいよ深刻になり、国内の既存市場は急速に縮み始めている。リタイア後もパワフルな消費者として今の日本経済を支えている団塊の世代が、２０２５年には全員が75歳以上の後期高齢者となる。少子高齢化による経済や社会の衰退はいよいよ本番を迎える。そう言えば、水道や河川の堤防、トンネルや橋なども「高齢化」しており、人手不足と相まって、これから先どうやって維持していくのかが大きな社会問題となってきている。

そしてアマゾンなどが仕掛けるデジタルディスラプション（デジタルによる破壊）が日本でも猛威を振るうようになったのは、ご存じの通りだ。既に小売業は破壊しまくられているし、どんな産業の企業でもデジタルディスラプションの脅威から逃れられそうにない。18年もの間、ＩＴ（デジタル）を活用したイノベーションをサボっていた報いといえ、デジタル対応を誤って没落した家電メーカーの二の舞いとなる企業が山のように発生する恐れがある。

そんなわけなので、日本の経営者や政治家、官僚などのリーダーたちは強い危機感を持ち、イノベーションの必要性を２００１年当時よりも感じている（はずだ）。「ＩＴ革命」は失敗に終わったからと言って、今のＤＸの行く末は必ずしもお先真っ暗というわけではない。

日本企業におけるDXの矮小化が進む

だが、なあ……。この章の既に述べたように、DXブームは既に腐り始めている。それに伴い、日本企業においてDXの矮小化《わいしょう》が進んでいる。何せDXは全社的な変革であるにもかかわらず、多くの経営者がDXの取り組みを現場に丸投げしている状態だ。しかも丸投げされた現場は、何らかのデジタルサービスのPoCをチマチマとやって、それを「我が社のDX」と捉える。そんな例があまりにも多い。

もっと言えば、AIやIoTなど最新技術をPoCの形で「お試し」するのがDXの取り組みだと、完璧に誤解している企業すらある。ITベンダーは人月商売の片手間に、クラウドなどの形で提供するAIやIoTの基盤サービスを「DXソリューション」などと名付けて売り込んでおり、DXが「変革」から「デジタルごっこ」へと換骨奪胎されつつある。

そう言えば、国もAIやIoTを使ったPoCの支援に熱心だ。「社会課題の解決に向けた実証実験」との名目で、地方自治体やITベンダーも含む複数の企業が実施するPoCに補助金を出したりする。それらのPoCは先に書いたような深刻化する社会課題に立ち向かうプロジェクトのようだから、さすがにデジタルごっことは言わない。だが、

PoC期間が満了したプロジェクトの成果を聞いてみると、「成功裏に終了した」としか返って来なかったりする。

仮にPoCがうまくいって、何らかのデジタルサービスの立ち上げに成功したとしても、それだけではDXと言えない。例えば、デジタルディスラプションの直撃を受けて小売業がECサイトを立ち上げても、アマゾンの猛攻の前には全く無力である。ECと既存の店舗を連携させていくために店舗業務や在庫管理／顧客管理システムなども変革していかなければ話にならない。

現場丸投げによるPoCで何らかのデジタルサービスを立ち上げる試みは、DXというよりもDXの対極に位置する取り組みである。似たような試みがあったような気がしてと考えていたら、思い出したぞ。日本企業のお家芸であるカイゼン活動と同類ではないか。カイゼン活動も経営者が抜本的な改革に乗り出さず、現場丸投げでチマチマとしたカイゼンを積み上げる。現場丸投げのカイゼンも現場丸投げのPoCも、極めて日本的な取り組みなのだ。

そう考えると、ある謎も解ける。最近、大企業で設置されたDX推進組織はデジタルサービスのPoCだけでなく、RPA（ロボティック・プロセス・オートメーション）の導入も手掛けているケースが結構ある。「RPAなんてDXと何の関係もないだろ」と不思議だったが、RPA導入がカイゼン活動の延長線上にあると捉えると、DX推進組織が担うのは自然なことだ。

RPA導入が大ブームになっているのは日本だけだそうだ。BPR（ビジネス・プロセス・リエンジニアリング）などの変革に取り組むことなく、今ある業務をブラックボックス化と引き換えに効率化できるため、抜本的な変革を避けたがる日本企業にぴったりだからだ。しかも現場任せでOK。そこでRPA導入を「守りのDX」などと位置付けて（ちなみにPoCが「攻めのDX」）、DX推進組織が担う。DXの矮小化、ここに極まれり、である。

「世界最先端デジタル国家創造宣言」が笑い物になれば……

日本では業務の効率化に向けた取り組みとデジタルサービス創出の取り組みを全くの別物として考える傾向があるが、これは基本的に間違っている。先ほど書いた「現場丸投げのカイゼン活動と現場丸投げの丸投げPoCは同類だ」という話を繰り返し述べているわけではない。ITを全社的な業務改革つまりBPRを推進する取り組みと、ビジネス構造を変えてしまうようなデジタルサービスを生み出す取り組みは、必ずしも対極の取り組みではないという意味だ。

こう書けば分かりやすいだろう。ITで会社全体の仕組みを変えようとするのも、デジタル（＝IT）でビジネス構造を変えてしまうようなサービスを生み出すのも、強いリーダーシップが不可欠だ。かつ、そのリーダーシップの下で変革や創造に向けて企画し実行するイノベーターがいる。その意味では両者は似ており、現場丸投げのカイゼン活動や現場丸投げのPoCのようなチマチマした取り組みとは全く異なる。

もちろん、デジタルサービスの創出はビジネスモデルの検討やマーケティングなどが必要になるから、社内のBPRなどより難易度は高い。ただし対極にあるのではない。しかも、そうした新しいビジネスを生み出すためには、既存の業務もそれに合わせて変革しないといけない。この2つの取り組みをセットで推進してこそ本物のDXである。

そんなわけなので、企業がDXを推進するには、とにもかくにも経営のリーダーシップが要る。経営者がデジタルディスラプションやデジタル活用の可能性を深く理解し、自社の置かれている状況を把握したうえで、我が事としてDXを主導する必要がある。とにかく「AIやIoTが話題になっているから、うちも何かやれ」と現場に丸投げしているようでは話にならない。

国の政策でも全く同様で、大臣などを務める政治家らのリーダーシップが不可欠だ。ようやく国のDXの司令塔となるデジタル庁が設置されることになったが、以前はITやデジタル関連の担当大臣がITオンチという恐ろしい時期もあった。それ以外の大臣についても、ITに対する素養や問題意識があることを任命の条件とすべきだ。どうしてもITオンチの政治家を大臣にしなければならないのなら、少なくとも副大臣はITに精通した人を任命すべきだろう。

そう言えば、かつてのe-Japan戦略に相当する、国のIT戦略を記した文書に「世界最先端デジタル国家創造宣言」がある。読むとe-Japan戦略と同様、誠にごもっとも、よいことが書いてある。この戦略通りに事が進めば、日本は本当に世界最先端デジタル国家になれる。もちろん実現できればの話だ。

気になるのは、最近次々と打ち出されるデジタル関連政策が5G(第5世代移動通信システム)の普及、ポスト5GやAI、量子コンピューターなど最先端技術の開発、GAFA対策にサイバーセキュリティー関連など分かりやすい領域に偏っている点だ。特に最も分かりやすいインフラ投資である5G関連に力が入っているのが気がかりだ(ちなみにe-Japan戦略でも強力に推進された数少ない政策の1つが「超高速ネットワークインフラ整備」だった)。

インフラ周りの整備が重要なのは分かるが、それ以上に重要なのはそれを使って日本の産業構造をどう変えていくかだぞ。DXに取り組む企業や起業家にインセンティブを与える規制改革などがぜひとも必要だ。デジタルディスラプションは避けられないのだから、日本企業自身がディスラプションできるように、既得権益を守る規制などは取り払われるべきだ。そのために政治の強いリーダーシップが不可欠で、それがないと世界最先端デジタル国家創造宣言も将来、笑い物になる。ただその時には、日本はもう笑えない事態に陥っているのだろうな。

DXの焦点

経済のデジタル化とグリーン化
コロナ後に日本は「先進国からの転落」を防げるか

デジタル庁の創設など行政や日本社会のDXを重要政策として掲げた菅義偉内閣が、新たに注目すべき政策を打ち出した。菅首相が2020年10月26日の所信表明演説において、温暖化ガスの排出量を「2050年までに全体としてゼロにする」ことを明らかにしたのだ。

いわば「経済のグリーン化」を目指そうというもので「経済のデジタル化」と共に、

これからの時代に最も重要な政策が日本でもようやく実現に向け動き出した。経済のデジタル化の重要性は言うに及ばないだろう。経済のグリーン化の重要性についても、単に環境保護やＥＳＧ（環境・社会・企業統治）などの観点からだけではない。

いま世界では２つの大きな変革が同時に進んでいる。かつての産業革命に匹敵すると言われるデジタル革命と、石炭・石油といった化石エネルギーの時代に終焉《しゅうえん》をもたらすエネルギー革命である。

デジタル革命について少し補足しておく。デジタル革命は一過性の現象ではない。インターネットが普及して以降の世界の急速な変貌全体を指すものとみるべきだろう。インターネットが急速に普及し始めた１９９５年には「インターネット革命」が叫ばれた。２００１年に政府が発表したe-Japan戦略では「ＩＴ革命」という言葉が使われた。インターネット革命も、ＩＴ革命も今日に続くデジタル革命の一断面を捉えたものと言える。

２つの革命に乗り遅れた日本

18世紀半ばの英国に端を発した産業革命は、工業製品を大量に生産し大量に流通させることを可能にして「モノの時代」を出現させた。そして、産業革命と以降の社会を支えてきたのが化石エネルギーだ。日本はこうしたモノの時代、化石エネルギーの時代にうまく適応できたために、これまで経済的な繁栄を謳歌することができた。

だが、デジタル革命によりビジネスの主役は、工業製品などのモノから、情報やコンテンツ、それに基づくサービスなどに移る。さらにエネルギー革命の進展で、二酸化炭素を大量に排出する化石エネルギーに、太陽光や風力などの再生可能エネルギーが取って代わる。単にエネルギー産業だけでなく、例えば日本の基幹産業である自動車産業でも、ガソリン車から電気自動車や燃料電池車へシフトが急速に進む。

さらに言えば、２つの革命はそれぞれが独立して進展するわけではない。むしろ互いに重なり合い、影響を及ぼし合う。自動車で言えば、ＡＩによって完全に自動運転できるクルマはほぼ間違いなく、電気自動車か燃料電池車になっているだろう。デジタル技術により各地の太陽光発電施設などを束ねて電力を供給する仮想発電所（ＶＰＰ）といった新たなサービスも、続々と登場してくるはずだ。

問題は、いまだに日本の社会や産業がこの２つの革命の波に乗りきれていないことだ。日本はかつて米国に次ぐ規模のＩＴ産業を持ち、環境対応面ではつい最近まで先頭を走っていたはずだが、今や世界の趨勢から大きく取り残されてしまった。このままずるずると後退を重ねているようでは、2050年あたりに先進国の地位からころがり落ちるような事態にもなりかねない。

そんなわけなので、菅内閣が経済のデジタル化とグリーン化を重要な政策課題に位置づけたのは、当然のことだ。遅すぎたぐらいで、何とか間に合うかどうかのぎりぎりのタイミングかもしれない。今後は官民とも相当の覚悟を持って、デジタル化とグリーン化を推し進めなければならないだろう。

参考になりそうなのは、2050年に温暖化ガスの排出量を実質ゼロにする目標をいち早く掲げた欧州連合（EU）の取り組みだ。EUは新型コロナウイルス禍によって打撃を受けた域内の経済を、経済のグリーン化につながる分野への投資で立て直そうとしている。これを「グリーンリカバリー」という。

日本は当然、グリーンリカバリーに「デジタルリカバリー」を組み合わせた復興策が必要になる。菅内閣が新型コロナ禍をいわば奇貨として、変革を一気に推し進めようとしているのなら正しい選択だが、果たしてどうか。

第2章

「仕組み」が無い日本の根本問題

その1

DXとは似て非なる「デジタルカイゼン」その愚かさが日本企業の息の根止める

どうも日本企業の大半は、経営者から平社員に至るまで「変革」の意味を知らない、あるいは完璧に誤解しているようだ。だから、世間のDXブームにあおられた経営者が、投資家やメディアに向かって「我が社のDX」を熱く語っても、実際のデジタル変革とやらは現場に丸投げといった奇妙な現象が起こる。その結果、職場のブラック化という間抜けな事態に立ち至る可能性もある。

「ブラック」と言えば、ある企業のIT部長から随分前に聞いた話を思い出した。その企業の経営者は創業者で、現場に厳しい指示を出すことで社員から恐れられている。とにかく指示の中身がとんでもないのだ。例えば不況で業績が悪化した場合、それは許してもらえても、「では、来期はV字回復を果たすので、過去最高益の5割増を目指せ」といった恐ろしい指示を飛ばすのだという。つまり「そんなの絶対無理」なことを要求するのだ。

読者の皆さんは、この企業をブラック企業だと思うだろうか。読者が人月商売のIT業界にいるならば、毎日のように上司や客からのむちゃくちゃな要求に悩まされているだろうから、こんな話を聞くと脊髄反射的に「とんでもないブラック企業だ」と人ごとながら怒り出してしまうかもしれない。ところが、この話を聞いたのは随分前だが、いまだにその企業がブラック企業だという風評を聞いたことがない。

しかも、確かにとんでもない要求だが、ある観点から見ると経営者の要求は完璧に正しい。「そんなの絶対無理」な要求であるがゆえに正しいのである。その意味がお分かりだろうか。ちなみにそのIT部長によれば「そんなの絶対無理」な要求の多くは達成できてしまうそうだ。もちろん、現場社員が不眠不休でただ働きのようなことをしたから達成できたわけではない。

種明かしをすると、実に単純な話だ。社長の数値目標はたとえ社員が不眠不休でただ働きしようと、絶対に達成できない。つまり、これまでの業務のやり方の延長線上でいくら頑張ったところで土台無理な話なのだ。だったら、業務のやり方を抜本的に変えるしかない。これでお分かりだろう。経営者の狙いもそこにあるようで、自らが最先頭に立って業務の抜本的見直しに取り組むそうだ。

この企業ではこうした業務の抜本的見直しを「変革」とは呼んでいなかったと記憶しているが、これこそ変革である。最近では、この企業の経営者も「我が社のDX」を熱く語っているそうだ。「デジタル化」という面ではうまく行っているかどうかは分からないが、DXの「魂」である「ビジネス構造の変革」という面では抜かりはなかろう。さて、冒頭で「どうも日本企業の大半は、変革の意味を知らない」と書いたが、その理由はもはや明らかであろう。

イノベーションの本質が分からない日本企業

ちなみに、DXを推進するにはイノベーションが不可欠だ。これには誰も異議はないと思うが、多くの日本企業は、DXのみならずイノベーションの意味もはき違えている。イノベーションを「技術革新」という極めて狭い意味に捉えてしまっているからだ。もっとも、官僚やジャーナリストの中にも「イノベーション＝技術革新」と捉えている人が大勢いるから、企業ばかりを責めるわけにはいかない。

で、イノベーションを技術革新と狭く捉えるためか、日本企業はＡＩ（人工知能）やＩｏＴ（インターネット・オブ・シングズ）など、「イノベーティブな」プロダクトを使ったＰｏＣ（概念実証）が大好きだ。そして、日本企業の経営者はそうしたＰｏＣの実例を挙げながら「我が社のＤＸ」を熱く語ることになるわけだ。

もちろん、AIやIoTを使ったPoCだけではDXでも何でもない。PoCがうまく行って商用サービスが立ち上がっても、何らかの変革を伴わないのならDXとは言えない。同じように、これらのことはイノベーションの実現でも何でもない。あっと驚くような画期的なサービスなら話は別だが、人さまのイノベーティブなプロダクトを使っただけの話であって、自らがイノベーションを起こしたわけではないからだ。

知っている人もいると思うが、イノベーションには「新機軸」という意味もある。技術革新を包含する概念と言ってもよい。つまりイノベーションの本質を卑俗に言えば、「今あるものに今までにない工夫を施すこと」により、仕事を思いっきり楽にしたり効率化したり、新しいビジネスを編み出したりすることである。だからこそDXの実現には何らかのイノベーションが不可欠なのだ。

さらに言えば、経営者が「過去最高益の5割増を目指せ」と言い出す企業も、イノベーションを実現したからこそ、絶対に無理な目標を達成してしまったわけだ。このケースではITやデジタル技術を活用していたわけではなさそうなので、技術革新という狭い意味でのイノベーションではないし、DXとも言えない。だが、経営あるいはビジネスのイノベーション（新機軸）に取り組むことで、業務のやり方を抜本的に変革したからこそ「そんなの絶対無理」なことが達成できたと言える。

そんな風に考えると、ＤＸをこうも定義できる。「ＩＴやデジタル技術を活用したイノベーション（今あるものに今までにない工夫を施すという新機軸）により、『そんなの絶対無理』なことを実現するのがＤＸ」。だからＤＸを本気でやろうと思えば、これまでの業務のやり方の延長線上では絶対に不可能な目標を定め、それを実現するためのイノベーションを起こさなければならない。

「いくらＤＸだと言っても、さすがにそれは無理」と思う人もいるかと思うが、だとしたら、やはり従来の延長線上で物事を考えている。例えば、今でこそ完全自動運転車や空飛ぶクルマを実用化すると宣言しても誰も驚かないが、当初は周りから「そんなの絶対無理」と言われたに違いない。どんな産業でもよいが、シェアで下位に沈む企業が「３年以内にトップシェアを奪取する」と宣言したら、世間は「そんなの絶対無理」と嘲笑するだろう。ただ、本気で変革に取り組んだら必ずしも不可能ではないと思うが、いかがか。

それはＤＸじゃなくて「カイゼン」でしょ！

さて、そんな観点から日本企業の経営者が熱く語る「我が社のＤＸ」を眺めるとどうなるか。うーん、ほとんどがＤＸでも何でもないよね。そもそもＤＸの「魂」である変革の意味を履き違えている。何せ「そんなの絶対無理」な目標どころか、「何でもいいからDXをやれ」「とにかくデジタルに取り組め」といった具合に目標そのものが存在しなかったりする。相も変わらず、2年ほど前に設立されたデジタル推進組織が様々なPoCをやり散らすばかりの企業も多い。

もっとも、最近ではAIを使った自動音声応答といった、少しはものになるサービスを提供する企業も増えてきた。だが、それをもってDXと言えるのか……。そう言えば、DXの一環と称してRPA（ロボティック・プロセス・オートメーション）を導入する企業は相変わらず多い。だが、既存の業務プロセスをほとんど見直すことなく、ソフトウエアで自動化したら業務がブラックボックス化するだけで、後が大変になるだけだ。これもDXと言えるのか……。

最近では、基幹系システムの刷新もDXの一環だったな。もちろん、業務の抜本的な改革を伴う基幹系システムの刷新はDXの重要なステップだ。しかし、ERP（統合基幹業務システム）を導入しても、利用部門のどうでもよい要求を受け入れてアドオンをつくりまくっているようでは話にならない。新型コロナウイルス禍対策としてWeb会議などを導入したこともって「我が社のDX」と称していた厚かましい企業もあったが、これはさすがに論外だ。

デジタルサービスの立ち上げには不可欠とされる「リーンスタートアップの流儀」を勘違いしているのではないか、と思ってしまうような話も多い。顧客のニーズがつかめないから小さく始めるまではよいが、いつまでもたっても、ちまちましたサービスの改善を繰り返すばかり。だから多くはPoCレベルで終わってしまう。イノベーション、つまり新機軸を打ち出してビジネスの仕組みをつくり、一気にサービスをスケールさせるという発想がない。新しいことに挑戦するはずなのに、誰も彼もできることしかやらないのだ。

これじゃ、DXというよりも何かに似ている。日本企業がお家芸とするカイゼン活動にそっくりだ。カイゼン活動は、イノベーションにより「そんなの絶対無理」を可能にする変革の取り組みと違い、現場が自分たちのできる範囲で業務の効率や品質を高める取り組みだ。今、日本企業の経営者が熱く語っている「我が社のDX」は、このカイゼン活動によく似ている。言うなれば「デジタルカイゼン活動」である。

私に言わせればカイゼン活動こそ諸悪の根源だ。日本企業を駄目にした元凶と言ってもよい。経営者は「我が社の強みは現場力」などと言って、本来なら経営が取り組むべき変革なり改革を怠慢し、現場の創意工夫に依存して業績の改善を図る。つまり現場への丸投げ状態なので、カイゼン活動によって部分最適の業務プロセスが増殖する。部門間でカイゼンを競わせたらもう最悪で、企業は全体最適とは程遠い「勝手にやっている現場の集合体」に成り果てる。

そんなわけなので、「我が社のＤＸ」がデジタルカイゼン活動なら、本来のＤＸの目的とは真逆の結果となる。そう言えば、ＤＸの重要性を理解しているものの、実際の取り組みは現場に丸投げしている経営者は全体の4割に上るらしい。まさに「我が社の強みは現場力」と妄想して、既存のカイゼン活動だけでなく、「我が社のＤＸ」つまりデジタルカイゼン活動も現場にやらせているのだろう。うーん、これは悲惨だ。

デジタルカイゼンの悲惨な末路

これまでのやり方の延長では「そんなの絶対無理」な目標を立ててデジタル変革に取り組むことなく、現場でできる範囲でデジタルカイゼンに取り組み続けたとしたら、どうなるか。容易に想像がつくのが職場の「ブラック化」だ。つまり、従業員の仕事の質は変わらず、仕事の量がデジタル対応分だけ増えるのである。

読者の皆さんも自分の職場での出来事を思い出してほしい。別にＩＴやデジタルに絡む話でなくてよい。例えばアホな上司が「新しく○○をやることになったから、君にぜひその役割を担ってもらいたい」と言い出したとする。あなたは当然「それを引き受けるとすると、今の仕事はどうしましょうか」と聞くはずだ。すると、アホ上司は言う。「今の仕事を続けるのは当たり前じゃないか。仕事のやり方をどう見直せば両方できるかを考えるのも、君の仕事だ」。もはや白目をむくしかない。

これは多くの日本企業でのあるある話だと思うぞ。仕事のやり方を見直すと言ったって、一個人のちまちましたカイゼンでは大したことはできない。結局、仕事が大幅に増えるだけだ。下手をしたら、ただ働きの長時間労働を強いられる恐れもある。で、理不尽さを訴えたらどうなるか。「仕事に対する前向きさが足りない」とか「新しいことにチャレンジしようとする気概がない」とかいった低評価の烙印《らくいん》を押されるのが落ちだ。

デジタルカイゼンでも同じことが起こるに違いない。業務がデジタル化すればするほど、仕事量が増えるのは必然だからだ。例えば何らかの顧客対応業務をデジタル化したとしよう。今までは紙の文書で受け付けていたものをデジタル化したのなら、本来なら素早い対応が可能になり顧客も満足し、担当者の仕事も楽になるはずだ。だが、そうはならない。なぜなら紙の文書による業務がなくならないからだ。補充人員などが手当されなければ、担当者は紙とデジタルという2つの仕事を抱え込むことになる。

例え話なので単純なケースで説明したが、デジタルカイゼンばかりだと似たような話がいくらでも出てくるだろう。本来ならデジタルサービスを導入した時点で、従来のアナログサービスに終止符を打たなければならない。「顧客が承知しない。そんなの絶対無理」との反対意見が当然出るだろうが、顧客が承知する方策を考えたり、一部の顧客を切り捨てる決断をしたりすればよい。経営者が決断しなければならないかもしれないが、そこまでやるのが本当のＤＸである。

そんなわけなので「我が社の強みは現場力」などと妄想して、従来のカイゼン活動のノリでＤＸならぬデジタルカイゼンなんかをやったら、絶対に駄目だ。現場はブラック職場と化し、やがて顧客からも見放されて、下手をするとデジタル革命のさなかに、息の根が止まるかもしれないぞ。とにかく経営者がリーダーシップを発揮し、従来のやり方では「そんなの絶対無理」な目標を立ててそれを達成すべくイノベーションを起こす。そんな本物のＤＸに取り組まないといけない。

あっ、一言付け加えておかなければいけない。冒頭で紹介した企業とは似ても似つかぬ形で、アホ上司が部下に「そんなの絶対無理」な要求を出す企業が日本には結構ある。とてもこなしきれない量の仕事を出し、「そんなの絶対無理です。優先順位を付けてください」と部下が悲鳴を上げても、「全部やるのが君の仕事だ」などと平然と言う。いわば真性ブラック企業だが、そんな企業が「我が社のＤＸ」と言い出しても、絶対にＤＸとは別物だからな。ブラック企業のデジタル化ほど恐ろしいものはない。

その2

日本企業は「勝手にやっている現場の集合体」だからDXは絶望的にうまくいかない

もはや日本企業というか、日本人の文化的、性格的な欠陥かもしれないな。これを是正できなければ、日本は世界で進むデジタル革命の波に乗り遅れ、あと10年、20年もたてば本当に後進国に転落してしまうかもしれない。別に何も特別な話ではない。たとえ日本を代表するような大企業の中であろうと、平気で部署単位の「ムラ社会」を作ろうとする、日本人の「小さくまとまろうとする」メンタリティーの話である。

そう言えば「日本企業とは勝手にやっている現場の集合体である」と喝破した人がいた。まさに言い得て妙である。とにかく日本人は「勝手にやっている現場」を作り出すのが大好きだ。そして日本企業の経営者は、「勝手にやっている」ことをもって「我が社の現場力の発露」などと持ち上げて、お墨付きを与えてしまう。その結果、日本企業はあちらでもこちらでも、勝手にやっている現場だらけになる。まさに「ガバナンスって、どこの国の話?」である。

私は以前から「日本企業の統治形態は事業部門連邦制だ」と述べてきた。何せ経営者であっても、他の役員のシマである事業部門には手を突っ込めないからだ。下手にそんなことをすれば、他の役員にクーデターを起こされて解任の憂き目に遭う。ただこの認識は少し修正が必要だな。修正ポイントは次の通りだ。「勝手にやっている現場の集合体が事業部門であり、勝手にやっている事業部門の集合体が日本企業」である。

小さくまとまろうとするメンタリティーを持つ日本のサラリーマンたちが、勝手にやっている現場を生み出す。この弊害はすさまじい。最も分かりやすい例は、あの愚にもつかないカイゼン活動だ。「これこそ日本企業の現場力の証し」などと一時は称賛されたようだが、何のことはない。各現場が互いに争って「勝手に」カイゼン活動を繰り広げる。結果は部分最適の山。全体最適の観点がないから、全社で見ると生産性は上がらず、基幹系システムもどうでもよい改修ばかりでプログラムが複雑怪奇になり老朽化が進む。

そう言えば、米国人の技術者が不思議がっていた。「ITを使っても使わなくてもいいが、自らの業務改善で大きな成果が出たら、それを経営にアピールして全社展開を図るのが普通のはず。なぜならヒーローになれるし、サラリーも上がる。なぜ日本人はそれをやらないいんだ」。随分前の話なので当時の私にはうまく説明できなかったが、今は理由を説明するのは簡単だ。勝手にやっている現場に手を突っ込むようなまねをしたら……。

ちなみに、数年前から次々と明らかになった日本企業の不正の多くも、勝手にやっている現場の仕業だ。経営から高いコスト削減目標などを課された現場は、目標をクリアするために検査データの改ざんに手を染める。そんなニュースを何度目にしたことか。不正を働いた現場からすると「そもそも長年のカイゼン活動の結果、極めて高い品質の製品を作れているのだから、データを多少ごまかしても許容される」といった認識だったのだろう。ある意味、不正もカイゼン活動の一環と言える。勝手にやっている現場の面目躍如である。

デジタル推進組織も「勝手にやっている現場」に転落

小さくまとまり勝手にやっている現場の弊害について、ITやデジタル分野に限って探してみても次から次へと出てくる。例えばIT部門はなぜ事業部門などからまともに相手にされず、低く見られているのか。もちろん、経営から重要視されていないとか、技術系の部門であるにもかかわらず素人集団化しているなど、他の要因もある。ただし実は、IT部門自身がITで部門間の横串を通す役割を放棄して、自分たちだけで勝手にやりたいとのマインドに浸っていることも大きい。

日本では圧倒的多数派である「能力のないIT部門」は日々粛々とシステムを運用して

いたいのだ。基幹系システムなどは性質上、さすがに利用する事業部門などの意向を無視して勝手にやるわけにはいかないが、事業部門のご用を聞いてシステムを改修したら、後は勝手にシステムを管理していたい。だから、自ら経営や事業部門に改革や改善などを提案するようなことは一切しない。ＩＴ部門が重要な経営機能であるとの意識は希薄で、システムを管理する現場の一部署として勝手にやっていたいのだ。

意外に思う読者もいるかもしれないが、ＩＴ部門は昔から「勝手にやっている現場」の最たるものだった。昔は経営者がＩＴを分からないことをよいことに、大企業のＩＴ部門なら巨額のＩＴ予算を勝手に差配していた。事業部門などの要望をそれなりに聞き入れさえすれば、「あいつらは何をやっているのか」と思われようと、どこからも文句は出なかった。今や多くの企業でＩＴ部門は落ちぶれ、ＩＴ予算も少なくなったが、勝手にやっている現場の伝統は今も生きている。

当然、そんなＩＴ部門はＤＸの推進に全く役に立たない。仕方がないので日本企業の多くは、ＩＴ部門とは別にデジタル推進組織を立ち上げている。このデジタル推進組織が司令塔となって、デジタル技術を用いた全社的なビジネス構造の変革であるＤＸに取り組もうというわけだ。役員についてもＣＩＯ（最高情報責任者）の他にＣＤＯ（最高デジタル責任者）を置くことが、特に大企業で一大ブームとなった。

ところが、である。DXの司令塔として役割はすぐに形骸化する。デジタル推進組織も「小さくまとまりたい」という日本人のメンタリティーに引きずられてか、「勝手にやっている現場」と化す。何を勝手にやっているかというと、AIやIoTなどを活用したPoCである。かくしてデジタル推進組織は、ビジネスとして成功する当てのないPoCを延々と繰り返す部署となる。CIOがIT部門のボスにすぎないのと同様、CDOもデジタル推進組織の親玉にすぎなくなる。

「これじゃいかん」ということで、最近はデジタル推進組織とIT部門を統合するなど、組織的な見直しに着手した企業が出てきているが、組織をどんなにいじくろうと結果は同じだ。新たにDXを勝手にやっている現場が生まれるだけだ。つまり、組織間で横串が通らないのだ。当然、先ほど紹介した米国人の技術者のような、ヒーローになりたい人材も日本企業では現れない。

ちなみに、勝手にやっている現場の集合体という日本企業の特徴は、大企業など既存の企業だけのものではないからな。新興のネット企業でも事情は同じ。様々なデジタルサービスを提供している各事業部門がそれぞれ勝手にやっているケースは多い。ITインフラも違えば、使っている開発ツールも全く違ったりする。とにかく日本人はどんな企業、どんな組織にいても、他と隔絶されたムラ社会を作りたがるのだ。

「勝手にやっている現場」はフラクタル構造

さらに、この「勝手にやっている現場」というのは、部分と全体が相似して入れ子細工のように繰り返される「フラクタル構造」となる。どのような意味かと言えば、冒頭で書いた通り「勝手にやっている現場の集合体が事業部門であり、勝手にやっている事業部門の集合体が日本企業だ」ということだ。この表現をもう少し拡張すれば次のように言える。「勝手にやっている現場の集合体が事業部門であり、勝手にやっている事業部門の集合体が企業であり、勝手にやっている企業の集合体がグループ経営の日本企業だ」。

だからガバナンスがとにかく効かない。例えば日本企業がDXを推進するために、米国のIT企業を買収するケースが増えてきているが、買収が完了してもその経営に口を出すことはほとんどない。買収された企業からすると、買収前と後で拍子抜けするほど何も変わらない。米国企業が日本企業を買収すれば、経営を抜本的に変え、マーケティングなどビジネスのやり方を変え、基幹系システムもERPに強制的に変更させたりするケースが多いのと、まさに好対照だ。

皮肉を交えて書くが、日本企業の経営者は自社を「勝手にやっている現場のフラクタル構造」として運営しているために、買収した外国企業の経営陣にもきっと忖度《そんたく》して、勝手にやらせているのであろう。日本企業の経営者はこうしたやり方を「連邦経営」などと称する。言葉の響きだけは良いが、噴飯ものである。まさに冒頭で示した「事業部門連邦制」と意味合いは同じで、勝手にやっている現場の集合体としての日本企業の在り方を正当化しているだけである。

勝手にやっている現場の集合体の日本企業が他社と協業しようとすると、空恐ろしい事態となる。今、何らかのデジタルサービスを立ち上げようとするなら、他社との協業が当たり前だ。既存の大企業が「オープンイノベーション」などと称して、スタートアップなどと協業するパターンが多いが、これは本当に恐ろしいことだと思わないか。何せ自社内だけでの取り組みでも、各現場や各部門が勝手にやってしまう日本企業だ。まして「赤の他人」との協業なら、ますます勝手にやってしまう可能性が強い。

「何を訳の分からないことを書いているのか」と不審に思う読者も大勢いるかと思うが、その恐ろしさが現実化した事件が2020年9月に発覚したではないか。NTTドコモの電子決済サービスであるドコモ口座や、ゆうちょ銀行の口座などを使った不正出金事件だ。連携するサービス全体でのセキュリティーを各企業が考慮していなかったため発生した事件である。

決済サービス事業者側が厳密に本人確認をするか、銀行側がサービス連携の際に、口座や暗証番号などによる認証ではなく2要素認証を導入するかをしていれば、被害の大半は防げたはずだ。ところが両者とも自らの対策を怠り、多数の不正利用を許してしまった。「相手のサービスのセキュリティーは万全のはず」との思い込みがあったのかもしれないが、連携するサービス全体でのセキュリティーを考慮しないのは、驚くべき思考停止と言うほかない。

そうした思考停止を招くのは、協業して1つのサービスを提供しているにもかかわらず、それぞれが「相手は相手、自分は自分」として自らの守備範囲でしか物事を考えていないからである。つまり、それぞれが勝手にやっているわけだ。セキュリティーに最もシビアでなければいけない企業がこのざまなのだから、似たような事件や事故はこれからも頻発すると考えたほうがよい。

コンサルタントも中間管理職にへつらう

既に読者は十分に認識したと思うが、「勝手にやっている現場の集合体」としての日本企業、さらにそれを生み出す「小さくまとまろうとする」とする日本人のメンタリティーを何とかしないと、まともなDXなど到底できない。ひとえに経営者が蛮勇を奮って、組織面や企業文化、従業員のメンタリティーなどをＤＸの一環として変革していくしかないが、極めて心もとない状況である。

何せ下手に他人のシマに手を出したら、経営者といえども解任の憂き目に遭いかねない。この件をもう少し深掘りすると、「余計なこと」をする経営者を追い出そうとするのは、自分のシマを荒らされることに危機感を持つ役員だけではない。現場が勝手にやっている以上、実質的に会社を動かしているのは、課長などの現場の管理職である。多数の現場の管理職が強く反発すれば、経営者の地位は風前のともしびとなる。実際、改革派と目された経営者のクビが飛ぶのは、このパターンが多い。

しかも、日本企業の経営者の多くはサラリーマンとして頂点を極めた人たち、つまり勝手にやっている現場の出身者だ。だから経営者は、自分を育ててくれた現場に対して一種の「信仰」とでも言うべき感覚を持っている。「我が社の強みは現場力」などと口走るのは、まさに信仰心の発露である。もちろん実際に現場には多くのノウハウや知見が蓄積されているケースもあるだろうが、勝手にやっている以上、それは部分最適にすぎず、経営者が妄想しているような「我が社の強み」にはなり得ない。

さらに厄介なのが、勝手にやっている現場の集合体が日本企業である以上、日本企業の経営は必然的に現場丸投げになることだ。つまり、サラリーマン経営者は過去にどんなに優秀だったとしても、経営者としては二流、三流でしかない。自身の経営方針にのっとり現場を厳格に統制するという発想がないから、いくら欧米企業を猿まねしてCｘO制度を導入しても、横串機能を発揮できないCIOやCDOなどを量産して終わりだ。本来最も強力な統制手段となるはずの基幹系システムも、ただのポンコツとなる。

経営者の中には「このままではまずい」という自覚がある人もいて、DXの推進に合わせてコンサルタントを雇うケースも多い。だが、コンサルタントが役に立つのは雇い主の経営者が強力な権力を持つ場合に限られる。勝手にやっている現場の集合体の日本企業では、経営者の権力は哀れなほど弱く、事業部門長や部長、さらに現場の課長や係長の意向は最大限尊重しなければならない。当然コンサルタントも商売だから、こうした管理職層にへつらうことになる。

例えば「御社の中間管理職の皆さんはとても優秀ですね」「やはり日本企業の強みは現場力ですから、大切にしないといけません」などと言って、勝手にやっている現場の集合体を前提にDXのシナリオを描いたりする。つまり「抜本的な変革を伴わないビジネスのデジタル化」をクライアント企業のDXのターゲットとするわけだ。もちろん、これがDXと呼べる代物でないことは誰の目にも明らかだが、こんなDXもどきが日本のあちこちで進行中だ。

うーん、やはり日本企業の構造問題をテーマにすると、「では、どうするのか」という答えがなくて困るな。月並みな結論で言うと、サラリーマン経営者を排除し、いわゆるプロの経営者、特に著名な外国人経営者を後釜に据えることだろうが、勝手にやっている現場の集合体である日本企業の経営者が、後継者についてそんな決断を下すのは並大抵のことではない。

その3

「ビジネスの仕組み」がないダメ企業ばかりの日本 そりゃ基幹系システムも最悪だな

基幹系システムは一種の仕組みである――。この書き出しだと「何を当たり前のことを言っているんだ」と不審に思う読者もいるだろう。そう思った人はまともなビジネスパーソンだ。ただし、あなたの会社の基幹系システムがまともな仕組みかどうか、さらに言えばそもそも「仕組み」と言える代物なのかどうかは保証の限りではない。

ここまで書けば、私が何を言いたいのかピンときたと読者もいると思う。そうなのだ。基幹系などのシステムは、企業におけるビジネスの仕組みの一部をプログラム言語で記述している。もちろん業務のやり方、業務プロセスといったビジネスを回す仕組みだけでなく、業務上の不正などを排除する仕組みも組み込まれている。だから、従業員が自身の業務でシステムを使えば、企業のビジネス全体が円滑に遂行されるわけだ。

当然のことながら、特にトラディショナルな企業の場合、その企業のビジネスの仕組みを全て基幹系などのシステムに組み込んでいるわけではない。システムが直接介在しない業務も多い。つまり基幹系システムは企業のビジネスの仕組み全体から見るとサブセットということになる。もちろん基幹系システムには、サブセットと言ってもビジネスの仕組みの「幹」となる部分が組み込まれている。だから「基幹系」と称するわけだ。

そんなわけなので、基幹系システムがまともであるためには、企業のビジネスの仕組みがまともであることが前提だ。これも当たり前だが、ビジネスの仕組みがきちんと設計されて全体最適が図られていれば、基幹系システムにも反映されて、まともなものとなる。例えばＥＲＰの導入に伴う業務改革なら、自社の仕組みの幹となる部分を、ＥＲＰに組み込まれている業務プロセスなどの仕組みに入れ替えることである。この「幹の入れ替え」をきちんとやらないと、ＥＲＰ導入は失敗してしまう。

さて、本題はここからだ。どんな企業にもそれぞれビジネスの仕組みがあるはずだが、はたして日本企業にはビジネスの仕組みが本当にあるのだろうか。先に書いた通り、日本企業は「勝手にやっている現場の集合体」だ。そうすると、全社で最適化されて標準化されたビジネスの仕組みが存在するわけがない。勝手にやっている現場ごとのビジネスの仕組みも怪しい。現場ではビジネスの仕組みというよりも、属人化された業務のやり方でビジネスが回っているケースが多いからだ。

もちろん、日本企業にビジネスの仕組みはないとするのは言い過ぎだ。日本企業の中でもエクセレントカンパニーとされる企業は、競争優位を生み出す強固な仕組みを持っているケースが多い。だが、その他大勢の企業にはまともな仕組みが存在しない。誰かが言っていたが「強い企業には仕組みがあるが、ダメ企業には仕組みがない」のだ。具体例は身近にある。人月商売のＩＴ業界である。

健全なスタートアップに申し訳ない

少し前から、クラウド上でデジタルビジネスを展開する新興のＩＴ企業の人たちから、私の記事にクレームを付けられることが多くなってきた。何も記事の内容に間違いがあったとか、不適切な内容が含まれていたとかいった話ではない。クレームには幾つかのバリエーションがあるが、彼らが言いたいことはだいたい共通している。「頼むから、我々とあいつらを同じＩＴ業界でひとくくりにしないでほしい。本物のＩＴ業界のイメージが悪くなって、とても迷惑」というものだ。

「あいつら」というのはもちろん、ＳＩｅｒをはじめとする人月商売のＩＴベンダーを指す。そんなこともあり、最近は私が守備範囲とするＩＴ業界を「人月商売のＩＴ業界」とか「多重下請け構造のＩＴ業界」とか必ず枕詞《まくらことば》を付けている。スタートアップが続々と誕生している健全なＩＴ業界と区別するためだ。ただここでは、ビジネスの仕組みの有無を対比するために、人月商売のＩＴ業界と健全なＩＴ業界をひとくくりにして「ＩＴ業界」と呼ぶことにする。

同じＩＴ業界でも、クラウド上でデジタルビジネスを展開するスタートアップと旧態依然たる人月商売のＩＴベンダーとは、似て非なる存在だ。その違いは、デジタルビジネスを展開するスタートアップが明確なビジネスの仕組みを持ち、その仕組みが彼らのシステムにきちんと組み込まれているのに対して、人月商売のＩＴベンダーはビジネスの仕組みを持ち合わせておらず、客の要望に人手で応えているだけだということだ。

もちろん人月商売のＩＴベンダーにも、まともではないがビジネスの仕組みと言えるかもしれないものはある。例えば大規模なシステム開発プロジェクトの際に、大量の技術者を「労働者」として動員する多重下請けの仕組み、あるいは客先に技術者を放置してひたすらご用を聞かせる客先常駐の仕組みである。しかし、これらはまっとうなビジネスの仕組みではない。人月商売のＩＴベンダーの経営者はよく「我々のビジネスは人材が全て」などと言うが、まさにその通り。人しかおらず、まともなビジネスの仕組みがないのだ。

それゆえにＳＩｅｒは客のご用を聞いて、言われた通りに何でもやるしかない。下請けのＩＴベンダーはＳＩｅｒのご用を聞いて、技術者という名の労働者をかき集める「手配師稼業」にいそしむほかなく、3次請け以下のITベンダーは手配師のご用を聞いて、自社の技術者を差し出す「人売り稼業」に精を出すしかない。クラウドといったビジネスの仕組みや優れた技術でもうけるハイテク産業とはまさに対極、労働集約型の「ダメ企業」たちである。

ビジネスの仕組みがないから、どんなに技術者をこき使ってももうからない。仮に付加価値の高いシステムを開発したとしても「技術者の頭数×期間」という人月料金でしか客からお金をもらえない。つまり、システムの付加価値の全ては客に吸い取られ、SIerらには何も残らない。まあ、ご用を聞いてシステムを作っているのだから、当然と言えば当然である。しかも、システム開発プロジェクトは現場ごとに「勝手にやる」しかないので、システム開発やプロジェクトマネジメントのノウハウも属人的なものとなる。

一方、クラウド上でデジタルビジネスを展開するスタートアップなどは、確固たるビジネスの仕組みを作り出そうとする。何らかのデジタルサービスの仕組みを組み込んだシステムを自らのリスクで構築し、客を引き付けるマーケティングの仕組みを作り、多数の客から恒常的にお金を取れるようにする。だから、そうした仕組みを一切作ろうとせず、特定の客にへばりついているだけの人月商売のITベンダーとひとくくりにするな、と言いたくなる気持ちはよく分かる。誠に申し訳ない限りである。

CxO制度に関する大きな誤解

まともな仕組みのない企業の代表例として、我らが人月商売のITベンダーを取り上げたわけだが、冒頭で書いたように他の多くの日本企業も五十歩百歩である。手配師業や人売り業などよりはましとはいえ、日本企業は総体としてビジネスの仕組みがまともではない。特にひどいのが経営管理の仕組みである。

私がよくやり玉に挙げる「日本企業版CxO制度」がまさにその典型例だ。最近、多くの日本企業が欧米企業のCxO制度を猿まねして、経営者がCEO（最高経営責任者）を名乗ったりしている。まず言っておくが、猿まねは極めて重要な取り組み、あるいは能力である。欧米企業、そして韓国企業や中国企業の優れた点はどんどん猿まねすべきなのだ。その猿まねの能力が極度に衰えたのが、日本企業が抱える大きな問題の1つである。

話を戻すと、日本企業がCxO制度を猿まねしたのはいいが、その中身が噴飯モノなのだ。社長あるいは会長がCEOを名乗り、ナンバー2にCOO（最高執行責任者）を名乗らせる。常務クラスの財務担当役員がCFO（最高財務責任者）で、執行役員システム部長がCIO（最高情報責任者）、執行役員品質管理室長がCQO（最高品質責任者）などと称する。そして最近のデジタルブーム、DXブームに合わせて登場したのがCDO（最高デジタル責任者）である。

ただし、こうした役員の呼称以外は何も変えない。それでいて「ＣｘＯ制度を導入した」などと恥ずかしげもなく発表するから度肝を抜かれる。それでは猿まねにもなっていないぞ。

もしＣｘＯを単なる役員の呼称にすぎないと思っている読者がいたら、これを機に考えを改めたほうがよい。ＣｘＯ制度とは企業の経営管理の仕組みである。だから「制度」と言う。そしてＣｘＯ制度の肝は、事業部門の壁を超えて経営の横串を通すところにある。その横串が全く通らないのが日本企業であり、ＣＩＯをはじめＣｘＯの大半は単なるイミテーションでしかない。

その結果、日本企業に何が起こったかというと、数年前から大手製造業で相次いで発覚した「不祥事の日常化」である。ＣＱＯは本社間接部門の品質管理室の長にすぎず、事業部門や事業子会社の品質管理に不正がないかを直接チェックする権限を持たなかったりする。下手をするとＣＦＯですら本社の財務会計部門の長でしかなく、事業部門などに会計面から統制をかけられないといった恐ろしい事態が生じている。これをことわざでは「仏作って魂入れず」と言う。今回のテーマに則して言い換えると「呼称作って仕組み入れず」である。

日本企業の経営管理の仕組みはこんなざまだが、さすがにモノをつくる仕組みや売る仕組みなどはもう少しまともだ。ただCEOと恥ずかしげもなく名乗る経営者が例のごとく「我が社の強みは現場力だ」と言って、モノをつくる仕組みや売る仕組みなどのメンテナンスまでも現場に丸投げしてしまう。それこそが現場同士で競わせるカイゼン活動である。現場のカイゼンの成果は横展開されることなく、個々の現場でローカルな仕組みの改変が続けられることとなる。

その結果、日本企業のビジネスの仕組みは、どんどん部分最適の集合体となる。だから日本企業にだって一応仕組みはあるのだが、複雑怪奇なものとなり誰も全体像を把握できない。では、個々の現場はそれぞれの部署で業務の仕組みを把握しているかと言えば、かなり怪しい。多くの部分が属人化してブラックボックス化していているので、よく分からなかったりする。そんな複雑怪奇で、多数のブラックボックスが含まれる仕組みをITで固定したのが、基幹系などのシステムであるわけだ。

経営者にもアーキテクトの発想が必要

そんなわけで、まともなビジネスの仕組みのない日本企業に、まともな基幹系システムが存在しないのは論理的必然である。DXの一環として業務改革を伴う基幹系システムの刷新に乗り出しても、プロジェクトが難航を極めるのも必然だ。もちろん変革には抵抗が付きものだが、経営者からヒラ社員まで誰も自社のビジネスの仕組みについて考えたことがないという点も大きな問題だ。自社のビジネスの仕組みを考えたこともないのに、その仕組みを変革して、その「幹」の部分を基幹系システムに組み込むのは至難の業だ。

お笑い草なのは、それほど大変な基幹系システムの刷新を、多くの企業がＳＩｅｒら人月商売のＩＴベンダーに丸投げしてしまうことだ。先ほど書いたように、人月商売のＩＴベンダーはまともなビジネスの仕組みを持たない企業である。つまり、自社のビジネスの仕組みを考えたこともない客が、まともな仕組みを持たないＳＩｅｒにシステム刷新の提案を求め、「うん、それでよいから、後はお任せ」と丸投げするわけだ。これはもう笑うしかないではないか。

だから、日本ではＥＲＰを「基幹系システム開発支援ツール」として使うことが大流行した。ＥＲＰは本来、「経営の武器」として導入するものだが、日本企業では開発支援ツールに堕落する。ＥＲＰに組み込まれた業務プロセスなどの仕組みを基本にしてフィット＆ギャップ分析をしないと、その企業のビジネスの仕組みが明らかにならない。で、それが完了すると、客から丸投げされたＳＩｅｒらは、大量に生じたギャップの部分についてアドオンづくりに励むことになる。

こんなことでは何度システム刷新を繰り返しても、無駄金を使うだけで何の意味もないのは明らかだ。私は一貫して「ERPは可能な限りアドオンをつくらないでそのまま使え」と主張してきたが、その理由をお分かりいただけたかと思う。経営管理の仕組みはひどく、モノをつくる仕組みや売る仕組みもまともではなく、それについて深く考えたことない人ばかりなら、こうした仕組みの「幹」の部分をERPのそれに置き換えて全体最適を図り、見える化したほうが良いのは明らかではないか。

話のついで言っておくと、やはりDXの一環として多くの企業が取り組んでいるデジタルサービス創出の試みも、同様の問題をはらんでいるぞ。要は、自社のビジネスの仕組みについて考えたこともない人たちが、デジタルサービスという新たなビジネスの仕組みをつくろうとしているわけだ。もともとある仕組みの変更ですら難しいのに、ゼロベースで大本のビジネスモデルから考えて、それを実現する仕組みをつくっていくわけだから、はっきり言って小学生が大学院の課題に取り組むようなものだ。

もちろん、絶対に無理とは言わない。ただし、はやりのAIやIoTなど使ったPoCをいたずらに繰り返すだけでは、ものになるサービスは生まれない。ITベンダーにおんぶに抱っこなら論外だが、プログラミングができる技術者を中途採用して、アジャイル開発に精を出したところで成功はおぼつかないだろう。

結局のところ、ビジネスの仕組みを考えて実装できる人がいないと話にならないのだ。ちなみに、ビジネスの仕組みも含めて設計できる人を「アーキテクト」と呼ぶ。よく考えてみると、新たなデジタルサービスを創出する場合だけでなく、基幹系システムの刷新に合わせてビジネスの仕組みを見直そうとする場合にも、アーキテクトの才が必要になる。日本企業には決定的に不足している人材や能力なだけに悩ましい。

そうだ。経営者に「アーキテクトであれ」とまでは言わないが、ビジネスの仕組みを考える習慣をつけたほうがよいぞ。全社的なＤＸを推進するためには、経営者にもアーキテクトの発想が必要になる。まずはそこからだな。

その4

アマゾンの正論「善意は役に立たない」を理解しない日本企業、DXで赤っ恥は確実だ

米アマゾン・ドット・コムの創業者であるジェフ・ベゾス氏がCEOを退任すると発表し、IT業界は一時期その話題で持ちきりとなった。そのおかげで、アマゾンの有名なモットーを思い出せた。これはとてもラッキーだ。なぜかと言うと、DXを語る上でまさにドンピシャのテーマだからだ。

そのモットーとはベゾス氏がよく口にするという「Good intention doesn't work, only mechanism works!」だ。和訳すれば「善意（良い意図）は役に立たない。仕組みだけが役に立つ」といったところか。「アマゾンの社風は軍隊的だ」などと言う人からすると、まさにそれを象徴する言葉として受け取られているようだが、私から言わせれば素晴らしい言葉である。

あっ、何もアマゾンのEC（電子商取引）サイトの「仕組み」が素晴らしいと称賛しているわけではないぞ。私はその「考え方」が完全に正しいと評価しているだけである。と

いうか、称賛したり評価したりするほどの話でもないのかもしれない。むしろ当たり前のことであろう。アマゾンだけでなく、全ての米国企業、いや世界中の企業がそれぞれの「仕組み」によって、自らの事業を運営しているわけだから。

だが世界は広いもので、「善意は役に立たない。仕組みだけが役に立つ」という正論が全く当てはまらない企業の一群が存在する。もうお気づきであろう。というか、本書を手にした読者なら、今回のテーマについても察しがついたに違いない。そうなのだ。企業であるにもかかわらず、まともな経営の仕組みを持たない日本企業である。

日本企業の場合、経営の仕組みをおろそかにして、従業員の「善意」に頼る。その善意とは何かと言えば、顧客へのおもてなしの心であったり、現場での自主的な創意工夫だったりする。私が常々問題視している「我が社の強みは現場力」の「現場力」である。もちろん、現場力とやらはこれだけではないだろうが、主力となるのは従業員の善意だ。

そんなわけなので、アマゾンのモットーは日本企業のありように対する強烈なアンチテーゼと言える。日本企業なら、あるいは日本人なら「善意は役に立たない」と言い切られてしまうと抵抗を感じるかもしれない。だが、現場の従業員の善意に頼っているようでは、デジタル時代にはじり貧だ。そもそもＷｅｂ上で完結するデジタルサービスでは、どこに従業員の善意が必要とされるだろうか。必要なのはサービスを提供する仕組みだけだ。

日本企業の現場は従業員の「善意」で満ちあふれている

もちろん、「日本企業には仕組みが全くない」と言い切るならば、言い過ぎである。日本企業だって、そりゃ仕組みはある。商品をつくったり売ったりする仕組みはあるし、会計処理や法規制対応のための仕組みもある。ただし、それらの仕組みが「まともか」と言えば、多くはまともではない。

まともな仕組みであるためには、業務の遂行に必要な機能やプロセス、ルールなどがきちんとそろっており、標準化され明文化されていなくてはならない。機能は細かく分割されて各部署に割り付けられ、さらに細分化されて個々の従業員に割り当てられる。そして、それらをうまく連携させるための標準化されたプロセスやルールが存在する。これこそが仕組みであり、まさに全体最適だ。

個々の従業員に割り当てられる機能は当然、従業員に分かるように明文化される必要がある。これをジョブディスクリプション（職務記述書）という。ちなみに、このジョブディスクリプションに基づいて働く雇用制度がジョブ型雇用だ。従って、従業員に求められるのは、職務（＝機能）を果たすために必要な能力であり、間違っても「善意」ではない。もちろん、おもてなしが職務として記述されているのなら、善意ではなく機能として、おもてなしをする必要はあるが。

アマゾンだけでなく、恐らく多くの外資系企業にとって、従業員の善意は役に立たないどころか、害悪でしかないだろう。個々の従業員の自発的なおもてなしや創意工夫は例外処理を生むからだ。自発的なおもてなしは過剰サービスとなり、顧客は以降も同様のサービスレベルを求めるようになる。創意工夫に至っては業務プロセスを見えにくくしたり改変してしまったりする事態につながる。経営からすれば「勝手なことをするな！」といったところだろう。

さて改めて聞くが、日本企業にまともな仕組みがあるだろうか。恐らく大半の企業では、そんな上等なものはあるまい。よほどの大企業であっても、創業当時から自然発生的に出来上がってきた仕組みに何となく従って、業務を続けてきたのが実態だろう。そもそも自社の業務の仕組みに精通している人がどれほど社内にいるのだろうか。実は、経営者から一般の従業員に至るまで、自社の業務がどのように回っているか、その全体像を知る人は誰もいないという恐ろしい事態になっている可能性が高い。

先に「日本企業は勝手にやっている現場の集合体」との名言を紹介した。まさにそれゆえに、全社的な仕組みがまともではないのだ。勝手にやっている現場は従業員の「善意」で満ちあふれている。おもてなしの精神を発揮して長時間労働に陥っても過剰サービスを提供し、創意工夫の精神でカイゼンに取り組み、部分最適や属人化を招いているのだ。

デジタルサービスでは「善意は役に立たない」

基幹系システムをはじめとするシステムは、まともな仕組みがあってこそ本来の能力を発揮できる。システムは企業の仕組みの一部あるいは大半の機能やプロセスなどを自動化する「仕組み」だからだ。先に書いた通り、企業全体の仕組みのサブセットが基幹系などのシステムだと言える。そして、特に汎用性の高い仕組み、つまりどんな企業でもほぼ同じ仕組みをシステム化したものが、ＥＲＰなどのパッケージソフトウエアやＳａａＳ（ソフトウエア・アズ・ア・サービス）である。

だから、現場の従業員の「善意」を重んじる日本企業と違い、優れた仕組みだけが役に立つと考える欧米企業や新興国の企業はＥＲＰなどを導入し、可能な限りそのままの形で使う。自社独自の仕組みより、多くの企業が導入している汎用性の高い仕組みのほうが優れているのなら、独自の仕組みにこだわるのはナンセンスだからだ。まして、わざわざ大金をかけてアドオンをつくり、自社の劣った仕組みを組み込むなどというのは愚の骨頂でしかない。

一方、日本企業は全体の仕組みがまともではないから、そのサブセットである基幹系などのシステムも当然まともではない。勝手にやっている現場の集合体である多くの日本企業に言えることだが、利用部門ごとの事情に合わせてつくったシステムが林立する。それぞれのシステムの中身も、従業員の創意工夫によるカイゼン成果などを反映するために改修を続けた結果、中身がぐちゃぐちゃのブラックボックスとなる。つまり、現場独自の業務の仕組みですらよく分からないという悲惨な状態になっているわけだ。

基幹系など既存のシステムだけでなく、ECやデジタルサービスなどのためのシステムについても、仕組みの観点から検討してみよう。デジタルを使った新規事業なら、そのビジネスのための仕組みを新たに作り出さなければならない。ECのように人の介在をゼロにするのが難しいビジネスもあるが、スマートフォンアプリなどを使ったデジタルサービスなら、ビジネスの仕組みを組み込んだシステムだけで完結できる。まさに「善意は役に立たない。仕組みだけが役に立つ」という世界だ。

もちろん、新しい仕組みを生み出すのは困難だ。スマホアプリによるサービスであっても、既存のビジネスの仕組みと同等か、場合によってそれ以上に様々なことを検討しなければならない。金もうけの仕組みであるビジネスモデル、顧客の獲得方法、サービスプロセス、統制の仕組み、セキュリティーや個人情報保護の仕組みなど、検討事項は山とある。

だから、ビジネスとデジタル技術に精通した優秀なアーキテクトが必要になる。アーキテクトは「仕組みをつくる人」である。もちろん優秀なアーキテクトを動員しても、精緻な仕組みを即座に編み出すことなどは不可能だ。だから、小さく初めて試行錯誤を繰り返すリーンスタートアップの形をとり、システム面ではアジャイル開発を採用する。要は、試行錯誤を繰り返すことで、新たなビジネスの仕組みを練り上げていくわけだ。

日本企業では、どうもそのあたりがよく分かっていない人が多い。もちろんスタートアップなら当然過ぎる話なのだろうけど、既存企業の場合、理解しているかが極めて怪しい。PoCをやっても、消費者にどれくらい「受けたか」ばかりに気を取られるのか、ビジネスの仕組みを真剣に検討した形跡のないものが目に付く。まあ、仕組みを考えたこともない人ばかりだから仕方がないのだが、結局のところPoCをやり散らして終了か、多少なりともうまくいった他社のサービスを猿まねすることぐらいしかできない。

日本企業のDXには「仕組みの創造」が必要

さて、この仕組みの観点から改めてDXについて考えてみよう。いまだに、何らかのデジタルサービスを立ち上げることがDXだと思っている人が読者に交じっているといけないので、あらかじめ言っておく。それだけではDXじゃないからな。もちろん、デジタルサービスが成功して自社のビジネス構造の「変革」できれば、それも立派なDXではある。

本書の冒頭で示したように、DXとは「デジタル技術を活用したビジネス構造の変革」である。で、お気づきの人も多いかと思うが、実はこの説明は曖昧だ。つまり、ビジネス構造って何じゃ、である。真面目に回答すれば、ビジネス構造とは「ビジネスを成り立たせている様々な要素の組み合わせ方」である。

おおらかに言ってしまえば、ビジネス構造はビジネスの仕組みとほぼイコールということになる。もちろん、ビジネス構造には企業文化や組織風土といったウエットな要素なども含まれる。ただ、企業文化なんてものは仕組みを変えれば、それに付随して変わっていく。結局のところ、DXを成功させるうえで最も重要なのは、仕組みを変えることである。

こう考えると、日本企業がDXを推進するうえで、とてつもなく大きな障害があると分かる。欧米などの企業なら明確な仕組みがあるのだから、それを変えればよい。スマホなどの普及だけでなく、新型コロナウイルス禍の影響もあり、顧客は皆デジタルへの依存を強めている。だったら、デジタルを前提に顧客のニーズを探り、単にスマホアプリなどを提供するだけでなく、企業全体の仕組みごとデジタル対応、顧客の新たなニーズ対応に変えていく。これがDXの目指すところとなる。

ところが日本企業は、勝手にやっている現場の集合体であるために、そもそもまともな仕組みがない。しかも勝手にやっている現場は、従業員の善意に満ちあふれており、どのような仕組みで業務が回っているのか容易には分からなかったりする。要は、変革すべき対象（＝仕組み）がよく分からないのだ。下手をすると、変革すべき対象が「存在しない」などという、お笑い草になりかねない。

だとすると、日本企業におけるＤＸは「仕組みの変革」というよりも「仕組みの創造」がまず必要となる。うーん、これはすさまじく難易度が上がるな。大規模に展開している既存のビジネスに対して、デジタルを前提としたまともな仕組みを新たに作るのはどだい不可能だ。やはり先ほど言及したように、小さく始めて試行錯誤を繰り返しながら、新たな仕組みを作り練り上げていくリーンスタートアップのやり方を採用するしかない。

「それだけじゃＤＸじゃないからな」とは書いたが、そうすると日本企業にとってのＤＸ成功の道筋は、何らかのデジタルサービスを立ち上げて新たな仕組みを構築し、その仕組みを既存のビジネスにも適用していくことぐらいしかない。ただしアマゾンの正論「善意は役に立たない。仕組みだけが役に立つ」を理解できないようだと、それも厳しい。仮に立派な仕組みをつくれたとしても、全社的な仕組みへと格上げするのは……。結局は、勝手にやっている現場がもう１つできるだけだったりして。

その5
「2020年の崖」からはい上がるデジタル庁構想だが成功確率は10％以下だぞ

実は少々驚いている。菅義偉首相が行政のDXにここまで入れ込むとは想定していなかったからだ。菅内閣の看板政策として掲げた「デジタル庁」の創設では2020年中に基本方針を定め、2021年1月に召集した通常国会に必要な関連法案を提出した。デジタル庁は2021年9月に発足するというから、なかなかのスピード感だ。

このデジタル庁のねた元は、安倍晋三内閣時代の2020年7月に閣議決定された「経済財政運営と改革の基本方針2020（骨太の方針）」に記された「内閣官房に民間専門家と関係府省庁を含む新たな司令塔機能を構築」だろうから、スケジュール通りと言えばスケジュール通りだ。だが、新首相がデジタル庁を自らの看板政策に据えたのは、ちょっとしたサプライズだった。

何せ日本の首相がデジタル、つまりITを主要政策として自らの言葉で語るのは初めてだからな。これまで歴代首相がITを語ることはあったが、政策としての優先順位は低く、官僚の作文を棒読みするのが関の山だった。全くの企画倒れに終わった例のe－Japan戦略を公表した当時の首相は「IT革命」を「イット革命」と言ったぐらいだからな。その話が伝わってきたとき、暗たんたる気持ちになったのをよく覚えている。

隔世の感と言ってよい。まさに時代は変わったのである。20年前のe－Japan戦略ではIT革命と称していたデジタル革命が、いよいよ誰の目にも明らかなくらい本格化してきた。そして、デジタル革命はかつての産業革命に匹敵する大変革であり、日本がその波に乗れなければ「IT後進国」に成り下がる瀬戸際に立っているのも明らかだ。世界レベルで経済や社会のデジタル化が進んでいるだけに、デジタルの崖から落ちたままでは、単にIT面で後れを取ることだけでは済まされないのも明白だ。

そんなわけなので、冒頭で「驚いた」とは書いたが、日本の首相がデジタルを政策の中心に据えるのは当然と言えば当然である。むしろ遅すぎたぐらいだ。私が驚いてしまったのは、「首相がITに関心を持つはずがない」との思い込みがあったからだろう。いずれにせよ、デジタル庁を突破口にして、地方自治体も含めた行政のDX、経済や社会全体のDXを推進しなければ、この国は本当にやばい。

だが、菅内閣が行政のDXに成功する可能性は極めて低い。ざっくり言って10％もないだろう。こう書くと「おっ、いきなりケチをつける気だな」と早合点する読者も多いと思うが、そうではない。これが絶望的に難しいプロジェクトであるという事実が広く認知されないと、成功確率は10％どころかゼロになってしまう。つまり絶対に成功しない。そのところを思いっきり警告したいのである。

超巨大企業「日本行政グループ」として考えてみると

デジタル革命に乗り遅れた日本の現状について、菅首相がどれほどの危機感を持っているかは、当然のことながら私には分からない。そもそも「デジタル革命はかつての産業革命に匹敵する」との認識を持っているかどうかも判然としない。ただ、日本がかなりやばい状態にある点は理解しているんじゃないかなと思う。

もちろん、デジタル庁創設などをぶち上げる直接のきっかけは、ちまたでよくいわれている通り、新型コロナウイルス禍の経済対策におけるＩＴ関連トラブルや作業の大幅遅延だろう。行政のＩＴ活用のあまりにトホホな現状が誰の目にも明らかになってしまったから、地方自治体を含め行政の情報システムの抜本的見直しが政府の政策上、最優先課題になるのは当然のことだ。

改めてくどくどと述べないが、特に第1章で詳しく書いた「システムの中に人がいた」

事件はひどかった。一律10万円の特別定額給付金のオンライン申請で、マイナポータルのサイトで受け付けたまではよかったが、システム間のデータ連係がうまく行かず、実務を担う自治体の職員が申請を紙に打ち出してチェックや修正を行わざるを得なかった。あの「事件」はおよそ先進国では考えられない事態だった。

こうした問題の解決のためだけでなく、菅首相が掲げる「役所の縦割り、既得権益、悪しき前例主義の打破」に向けてもＩＴの有効活用が不可欠だ。「システムの中に人がいた」事件などを再び起こさず、国民にまともなデジタルサービスを提供するためにも、ＩＴを活用した「行政の変革」が不可欠だから、当然こちらのほうが菅内閣のデジタル政策の本丸となる。まさに企業が取り組むＤＸと同じで、これこそが行政のＤＸであるわけだ。

さて「企業のＤＸと同じ」と書いたので、行政のＤＸが絶望的に難しいプロジェクトである理由を、極めて月並みではあるが、国の行政機関を企業に例えて説明しよう。仮に日本政府を「日本行政グループ」という巨大企業に見立てる。統治形態を例えるなら、「持ち株会社によるグループ経営」とするのが妥当だろう。首相は持ち株会社のＣＥＯ（最高経営責任者）であり、各大臣は「経済産業会社」や「総務会社」、「厚生労働会社」など事業会社の経営トップに当たる。

で、この日本行政グループは１億２０００万人の個人顧客と３６０万社の企業顧客などに対して各種行政サービスをほぼ独占的に提供している。一般会計のみを事業規模と見なしても100兆円に上る超巨大コングロマリットだ。行政サービスは「東京都会社」や「大阪府会社」といった「地方行政会社」を通じて提供するケースも多い。こうした地方行政会社は別の会社ではあるが、サプライチェーンを構築する間柄だ。

この超巨大コングロマリットの企業でDX、つまりデジタル（＝IT）を活用してビジネス構造の変革を推進するわけなので、「絶望的に困難」なのは明らかだろう。しかも、経営者はプロパーではなく外部からやって来るが、特に事業会社の経営トップの在任期間は短い。従業員は事業会社ごとに新卒一括採用され、年功序列の日本型雇用制度にどっぷり漬かっている。当然のように事業会社間の交流は乏しく、主導権争いもすさまじい。DXの成功確率を10％以下としたが、実は1％もないかもしれないな。

それでも行政のDXが成功するかもしれない理由

国の行政機構を企業に例えるのを今しばらく続ける。この超巨大コングロマリット、日本行政グループのDX（あるいはDXもどき）の進捗状況を考えてみる。これまでは各事業会社が独自のIT部門を持ち、独自にシステムを構築してきた。当然、既存のシステムは事業会社によってバラバラで連携も難しい。しかも独自にシステム構築すると言っても、ＩＴ部門は素人集団であり、しかもＩＴ部員はいわゆる「ノンキャリ」なので組織内の立場は恐ろしく低い。システムの開発や保守運用は外部のＩＴベンダーに完全丸投げだ。

さすがに「これではまずい」ということで、持ち株会社にＣＩＯが置かれた。当初はさしたる権限はなかったが徐々に強化され、最近ではＣＩＯの下でグループ会社の全てのシステムを対象に一元的にプロジェクトを管理するようになり、ＩＴ調達予算の一元化も進められている。と言っても、グループ全体のＩＴ予算のうちＣＩＯの下に一元化されたのはまだ１割にも満たないのが現状という。

ご時世柄、日本行政グループも「紙とハンコと窓口業務」で提供していた行政サービスのデジタル化に取り組み始めた。ただ、その歩みは遅々として進まず、事業会社間や地方行政会社とのやり取りではＦＡＸが現役であったりする。さらに「システムの中に人がいた」事件などを引き起こし、日本行政グループのデジタルサービスの評判は地に落ちた――。

いかがだろうか。国の行政機関を企業に例えて話を進めれば進めるほど、行政のＤＸが成功することなどあり得ないと思えてきたかもしれない。ただし先に書いたように、私は「行政のＤＸはどだい無理」と言いたいわけではない。企業に例えてみせることで、行政のＤＸ、ひいては日本全体のＤＸの推進を阻む大問題を明確にイメージしてもらおうとしたのだ。

もっとも、これが本物の企業ならＤＸなど絶対に無理だ。事業規模が１００分の１の企業を想定してもできっこない。それどころか、毎年巨額の赤字を出し続け、膨大な借金を抱えているのだから、企業ならとうの昔に倒産している。だが日本行政グループ、つまり日本の行政機関には日本企業とは違って、ＤＸを成功させる（かもしれない）有利な条件が備わっている。経営者に相当するトップ、つまり政治家は、日本の大企業のサラリーマン経営者とは比較にならないほど強い権力を持っている点だ。

ＤＸは現場任せでは不可能で、強い権力を持つトップが自ら主導しない限り成功はおぼつかない。内部昇格したサラリーマン社長の場合、下手に事業再編や組織再編などを強行すれば解任の憂き目に遭いかねないが、そもそも「権力者」である政治家は違う。菅首相も強い権力を有しているはずで、デジタル庁の創設など行政のＤＸにやる気満々だから、大企業のしょぼいＤＸよりも成功確率はむしろ高いかもしれない。

それに国の行政機関は企業よりも早く「崖」から転がり落ちた。経済産業省が「ＤＸレポート」で唱えた例の「２０２５年の崖」によると、日本企業がこのまま老朽化したシステムを放置すると、２０２５年あたりに業務が回らなくなり、多くの企業が崖から転落しかねない大変な事態となるという。だが今回の新型コロナ禍により、民間企業より先に行政機関は2025年の崖ならぬ「2020年の崖」から転落し、大失態をしでかした。だから菅内閣にとって行政のDXは汚名返上の意味からも是が非でも進めなければならないのだ。

デジタル庁の幹部に外国人を登用するぐらいでないと

では、絶望的に困難なプロジェクトを菅内閣がどのように進めようとしているのかと言うと、実はまだよく分からない。

まだまだこれからの状況ではあるが、既に幾つか気になる点がある。例えばデジタル改革相と行政改革・規制改革相を兼務にしなかったのはなぜか。行政のDXを推進してデジタルガバメントの実現を目指すのだから、「デジタル」と「改革」は一元化したほうがよいに決まっている。平井卓也デジタル改革相と河野太郎行政改革・規制改革相もそのあたりを強く意識しているようで、両大臣が連携して進めていくとしている。だが、あくの強い政治家同士でうまく行くのか、かなり心配だ。

デジタル庁は「強力な総合調整機能を持つデジタル政策の司令塔」と位置づけられており、政府各省庁のシステムの予算を一括計上し統括・監理し、重要システムは自ら整備するという。トップは首相が務め担当大臣も置くので、一見すると各省庁ににらみの利く組織になりそうだ。だが、それでも「超巨大コングロマリット」である行政機関にIT／デジタルで横串を通すのは容易なことではない。

「大臣補佐官と事務次官を兼ねたような職務」で大きな権限を持つデジタル監も置いて、民間から起用するとのことだが、「超巨大コングロマリット」のDXを主導できる人材が、この日本にいるのだろうか。私にはソフトバンクグループの孫正義会長兼社長ぐらいしか想定できないのだが、いかがか。

ぜひ枠を外国人にまで広げて、DXの旗手だった米ゼネラル・エレクトリック（GE）の元CEOあたりを三顧の礼で迎えてほしいところだが、外国人は登用できないらしい。ならば規制を緩和すれば済む話だと思うが、無理な相談だろうか。

システムの開発や保守運用を担う技術者をどうやって獲得・育成するのかも気になる。DXを推進するのだから、システムの内製化は当然。だが行政機関やその関連機関のIT部門は、先ほど書いたように素人集団だ。外部のITベンダーに丸投げしており、システムのことは全く分からない。当然のことながら、システムに組み込まれた業務プロセス、つまり自らが所属する機関の業務のやり方も分からない。このままではITベンダーにおんぶにだっこのDXになってしまう。

システム内製化に踏み出した企業がやっているように技術者の中途採用を進めていくしかないわけで、デジタル庁でも100人規模の人材を採用するとしている。だが、たかだか100人程度で政府のシステム全般に目を光らせるのは不可能だろう。現行のシステムはITベンダーに丸投げしているから、ITベンダーの担当技術者しか中身を分からない。デジタル庁の人材募集では、ITベンダーから「特命」を技術者が「転職」してくるかもしれないぞ。

あと最大の心配事は行政のDX、国のDXに国民の支持を得られるかだ。以前、複数の国会議員から「ITは票にならない」との話を聞いたことがある。日本経済新聞社が2020年9月中旬に実施した世論調査では、「デジタル庁創設」に78%が賛成と答えている。それだけを見ると良さげだが、優先的に処理してほしい政策課題では複数回答でも「社会のデジタル化」が14%、「行政・規制改革」が12%にすぎない。つまり大半の国民は、本質的なところではDXに関心がないのだ。

発足当初の菅内閣の支持率は高かったが、最近は低迷気味だ。何らかの拍子に支持率がさらに大きく下がり、選挙も近づいてくるとなると、国民の関心の薄い政策は一気に優先順位が下がる恐れがある。デジタル庁が発足したところで、実質的な権限がほとんどない単なる寄せ集め組織となる可能性もある。しかし、そんなことになれば日本は本当にお先真っ暗だ。だから読者も「どうせ無理」とシニカルに構えないで、ぜひ菅内閣の取り組みをしっかり「監視」してほしいと思うぞ。

DXの焦点

その程度の存在ゆえCOCOA不具合を放置「とりあえず作ってみた」が多すぎる

2021年2月3日の厚生労働省の発表には驚いた。新型コロナウイルス感染の拡大防止策として導入した接触確認アプリCOCOA（ココア）で、Android版の不具合を4カ月以上にもわたり放置していたことが明らかにされたからだ。陽性登録したアプリ利用者と接触しても検知・通知されない障害というから、重大な不具合である。

ただ、この不具合でどれくらいの影響があったのかを考えると、必ずしも「重大な問題」ではない。アプリのダウンロード数は2月18日時点でも2538万件、日本の人口のほぼ2割に過ぎない。インストールしただけで通知を有効にしていない人や、複数のスマートフォンにインストールしている人もいるだろう。新型コロナ禍対策としての効果はそもそも限られている。

Android版スマホでCOCOAを利用していた人は、陽性者と接触したことを知る機会を4カ月以上にわたり奪われたが、それとて重大事とまでは言えない。COCOAの利用者が限られていることを誰もが知っているため、通知がないからといって「自分は大丈夫」と思い込む人はいないからだ。

このようにCOCOAの不具合は、深刻な影響を社会に及ぼしたわけではないのだ。もちろんだからといって、不具合や厚労省の不作為に全く問題はなかったと言うつもりはない。COCOAは「その程度の存在」にすぎないことを指摘したいのである。

COCOA以外にもある「とりあえず作ってみた」

そもそも新型コロナ禍対策におけるCOCOAの役割自体が曖昧だ。厚労省が挙げるCOCOAの役割は「利用者が陽性者と接触した可能性を知ることで、検査などを早く受けることができる」と「利用者が増えることで感染拡大の防止につながる」の2点だ。ただCOCOAがそうした役割を果たすには、利用を促す制度面、体制面の仕組みが不可欠なはずだ。

COCOAにそんな仕組みがどれほどあるだろうか。感染拡大に対する有効な防止策とするには利用の拡大を急ぐ必要があるが、義務付けやインセンティブの提供といった制度上の施策はない。検診を早く受けられる点も、当初は担保されていなかった。通知が来ても保健所などですぐに検査できない状況が続き、厚労省が2020年8月に、保健所などで検査を受けられるよう体制整備を求める事態となった。

ソフトウエア保守の体制も不完全であった可能性が高い。発注先のITベンダーとその下請けITベンダーからなる保守体制や契約の在り方が、COCOAのように状況に応じた素早い改修や改良を必要とするスマホアプリには不向きだったのではないか、といった指摘がある。

結局のところ、COCOAは「とりあえず作ってみた」「無いよりはまし」の域を出ないのではないか。今回の不具合についても、その程度の存在と認識されていたからこそ、必要な保守体制が整わず、結果として不具合が放置されたのではないか。

実は、COCOA以外にも「とりあえず作ってみた」だけのシステムがいくつもある。古くは2001年のe-Japan戦略に基づき、各省庁が構築した行政手続きのオンライン申請サイト。紙の添付書類が必要なのは以前のままといった制度面でのちぐはぐさで、ほとんど利用されることなく終わった。最近では、一律10万円を給付する特別定額給付金のオンライン申請システムが、地方自治体のシステムと連携できず大混乱に陥った。あれもまた「とりあえず作ってみた」の典型例だろう。

システムを素早く作り行政サービスを提供するのは重要なことだ。しかし、だからと言って、制度や保守運用体制などの仕組みづくりを怠ってよいわけではない。今回こそ教訓にしたい。

第3章

DXを現場に丸投げする経営者の愚

その1

経団連にもの申す、DXを成したければ「社長の年功序列」をやめなさい

最近、腰を抜かしそうになる話を聞いた。ある日本企業にコンサルタントがBPR（ビジネス・プロセス・リエンジニアリング）を提案した。BPR後の利益予想を伝えると、その企業の経営者は「こんなに利益が出なくてよい」と言う。けげんに思って理由を聞くと「自分の代にだけ大幅な利益を出すと歴代の経営者OBに妬まれ、ゴルフに呼んでもらえなくなるよ」と答えたそうだ。

いやぁ、驚いた。というか、ぼうぜんとしてしまった。そりゃ、経営者は孤独というから、経営者を退いたあかつきには、1人の老人として友人や仲間とわいわいやりながら楽しく暮らしたいと願うのは、人としてよく分かる。だが、なぜ経営者の諸先輩たちとゴルフに興じることのほうが、現経営者として自社の収益を極大化することよりも重要なのか。もうあきれ果てるしかない話である。

そう言えば以前、日本人なら知らぬ人はいないし、外国人でも多くの人が知っている大

企業でＣＩＯ（最高情報責任者）を務めた人から、こんなぼやきを聞いた。何でも元役員らが集まる親睦会に出席する気にはなれないそうだ。「皆、リタイアしてもう『ただの人』なのに、現役時代の上下関係がそのまま固定されている。もうばかばかしいったら、ありゃしない」。

まさに終身雇用と年功序列を柱とする日本型雇用制度で頂点を極めた人たちらしいエピソードである。そんな日本企業の経営者、元経営者たちの権力基盤、そして暮らしの基盤とでも言うべき日本型雇用制度を見直そうという声が上がり始めた。その中心にいるのは、日本を代表する大企業が加盟する日本経済団体連合会である。

経団連は、日本型雇用制度の見直しを提起している。それについては異存はない。日本型雇用制度を維持している限り、ＤＸの推進などに不可欠な、優秀で若い技術者を採用・育成できないからだ。若手は給与を抑えられているため、人材採用でＧＡＦＡなどに負ける。せっかく社内で育てた人材も、より良い処遇を求めて転職してしまう。

ただ経団連の問題提起は順序が逆だ。まずは「経営者の年功序列」の撤廃が先だろう。特に経団連に加盟する大企業の経営者は新卒一括採用で入社し、終身雇用の枠組みで出世の階段を上り、年功序列に従って先輩から経営を受け継いだ人が多いだろう。はっきり言うが、そんな日本型雇用制度にどっぷり漬かってきた経営者が、雇用制度を抜本的に変えられるとは思えない。ましてDX、つまり全社的な変革を主導できるわけがないと思うが、いかがか。

日本型雇用制度が生み出すサラリーマン経営者

終身雇用の下で昇進し、年功序列で経営者になった人は、いわゆる「サラリーマン経営者」である。複数の企業を渡り歩く「プロの経営者」と異なり、多くの場合、新卒一括採用で入社した自社しか知らない。しかも他の役員、そして社員の大半も純粋培養された人ばかりだ。だから忖度《そんたく》、あうんの呼吸で動く均質な組織のトップとして君臨し、自社の強みと称する現場力に頼った丸投げが経営の基本となる。

特に大企業の場合、経営の一部（場合によってはかなりの部分）を丸投げしなければならないシリアスな事情もある。既に詳しく説明した通り、大企業のサラリーマン経営者の権力基盤は思いのほか弱いからだ。別に不思議な話ではない。複数の事業部門を持つ大企業では、経営者といえども出身母体以外の事業部門によほどの問題でもない限り、手を突っ込むようなまねはできないのだ。

年功序列で経営者になった人は、株主の強い信任の下で就任したわけではない。前任の経営者に指名され、ライバルだった他の役員たちの「まあ仕方がないな」という消極的承認のうえで経営に当たる。社長を譲った人が会長になり、会長を譲った人が相談役になり、相談役を退任した人が特別顧問になるといった日本企業の不思議な慣習は、経営者の弱い権力を支える役割を果たすものと言ってよい。

だからこそ、他の役員のシマである事業部門に手を突っ込めないのだ。各事業部門が予算通りの業績を上げていれば、それでよしとする。私が言うところの「事業部門連邦制」である。だから、ITを活用して事業全体の見える化を図るとか、全社的な業務改革を進めるとかいったITの王道的取り組みに、経営者は消極的になる。そもそもIT部門が他の役員のシマだったりする。その結果、ITに関心を持たない経営者が量産されてきたわけだ。

社内の権力基盤が弱く、株主の強い信任もない経営者は、必然的に経営の通信簿である四半期決算を良くすることだけにきゅうきゅうとする。昔なら取引先などとの株式持ち合いで安定株主を作り、その安心感を支えに「四半期の業績ばかりを気にする欧米企業と異なり、我々は長期的視点で経営している」などと大見えを切れた。しかし今や、日本企業は近視眼的経営の権化となり果てている。

そう言えば昔、ある大手製造業の経営者に「グローバル展開を強力に進めているのだから、外国人を経営者に登用してもよいのでは」と聞いたことがある。するとその経営者に「欧米流のＭＢＡ的な感覚で四半期決算をどうこう言う外国人には無理」と諭されてしまった。今では懐かしさすら覚える話である。もはや欧米企業のＣＥＯ（最高経営責任者）以上に四半期決算に右往左往する存在になり果てた日本企業のサラリーマン経営者には、中長期的な企業変革などどだい無理な話だ。

もう1つの大問題、ＩＴオンチの社外取締役

日本企業の経営者が年功序列だと、もう１つ困った問題が生じる。今、日本企業もガバナンス（企業統治）を強化するために、社外取締役の数を増やしている。もう１つの問題とはその社外取締役である。学者のような経営とは無縁だった人が社外取締役に就任するケースもあるが、大半は他社の経営者や元経営者だ。中でも元経営者が就任するケースがとても多い。

先ほど触れた相談役や顧問の存在は、株主や投資家から「何のためにいるのか」と疑問視されているため、最近では減少する傾向にある。で、元経営者の新たな「就職先」として浮上しているのが社外取締役である。社外取締役のなり手は圧倒的に不足しているから、

現役経営者時代にそこそこの実績を上げた人ならば、それこそ引く手あまただ。

そろそろ読者もこの社外取締役の問題に気づき始めただろう。社外取締役にはITオンチが多いと容易に想像がつくはずだ。なぜなら社外取締役の多くが前世代の経営者だからだ。デジタルディスラプション（デジタルによる破壊）やDXの必要性が叫ばれる以前に経営者を務めた人は、現役時代から「俺はITが分からない」とIT音痴を自認していたりする。そんな人がどうやったら、社外取締役を務める企業のDX戦略などに何らかの判断を下せるだろうか。

随分前だが、あるネット企業で「悲劇」が起こった。それはまさに、社外取締役がITオンチだったために引き起こされた大問題だった。そのネット企業は事業部門ごとにシステムの開発・運用環境がばらばらで、部分最適の権化のようになっていた。

そのネット企業では「さすがにこれではまずい」となり、CTO（最高技術責任者）が部門横断で開発ツールなどを統一しようとした。何せ開発ツールがばらばらのままでは、技術者の部門間の異動もままならないからだ。ところがトラディショナルな企業と同様、各事業部門の現場が強力な抵抗勢力として立ちはだかり、統一プロジェクトを潰してしまったのだ。

実は、事業部門の抵抗勢力たちはITオンチの社外取締役を抱き込んだのだ。社外取締役に「スピード開発のためには今の環境がベスト。それに現場が使う道具まで経営が統制するのはそもそもおかしい」と訴えたことで、社外取締役は「それが正しいのでは」と思ってしまったのだという。こうなるとＣＴＯがいかに道理を尽くして説明しても後の祭り。抵抗勢力の主張が通ってしまった。

そんな訳なので、ＩＴオンチの取締役の存在は、企業がＤＸを推進するうえで障害となる恐れがある。「社外取締役も世代交代していくでしょ。今の経営者はＩＴやデジタルに関心があるので、彼らが社外取締役になるころにはその問題は解消するのでは」と考える人もいるかと思うが、それは甘いぞ。ＩＴに関心があったとしても、年功序列で就任した今のサラリーマン経営者にＤＸは不可能だ。そうするとＤＸに何の知見も持たないまま社外取締役になるわけだからな。

ＤＸを主導できる経営者とは誰か

結局のところ経団連の言う通りで、年功序列などの日本型雇用制度を維持していては、これからのデジタルの時代に多くの日本企業は生き残れなくなってしまう。ただ職務を限定して雇用するジョブ型雇用により、優秀なＡＩ（人工知能）技術者などを高額報酬で雇うだけではどうにもならない。彼らの能力を使いこなして新たな事業を生み出したり、既存の事業をデジタルの時代に対応できるように変革したりできる人材が必要だからだ。つまりＤＸを主導できる経営者である。

だから日本型雇用制度に手をつけるのなら、まずは経営者の年功序列の見直しが必要だ。これまで述べてきたように、日本型雇用制度にどっぷり漬かってきた経営者がＤＸを主導できるわけがない。まして「大幅な利益を出すと歴代の経営者ＯＢに妬まれ、ゴルフに呼んでもらえなくなるよ」などと、たわけた発言をする経営者では絶対に無理である。

では、どうするのか。簡単なことだ。経団連の日本型雇用制度の見直しに賛同する経営者は率先垂範して、他社でキャリアを積んだ人を次期経営者に指名すればよい。別に特別な話ではないぞ。外国人も含めプロの経営者を招いた日本企業は既に何社もある。最近、そのプロの経営者の筆頭とでも言うべき外国人が大事件を引き起こしたが、成功例も出てきているから心配には及ばないはずだ。

なぜ外部から経営者を招へいしたほうがよいかは説明するまでもないだろう。少し説明すれば、まず社内のしがらみからは無縁だ。これまでと違った発想を社外から持ち込めるし、企業の課題を客観的に評価できる。プロの経営者ならば、経営者としての実績も十分だ。そして何よりもＩＴの重要性を熟知している。何せ企業に単身乗り込んでくるわけだから、情報システムを使って事業を可視化したいという思いは誰よりも強い。

「次は俺が社長か」などと期待していた役員には気の毒だが、日本型雇用制度の最大の受益者である役員クラスや部長クラスにも大きな衝撃を与えられる。事業部門連邦制に安住していてはまずいと思わせたらしめたもので、ＤＸに少しは真剣に取り組むようになるだろう。

そもそも、日本型雇用制度の恩恵を存分に受けてきた経営者が「日本型雇用制度の見直しなど変革を進めないと生き残れない」と言ったところで、若手や中堅の社員の心には響かない。「社長や部長は逃げ切りでいいよな」と陰口をたたかれるのが落ちである。経営者自らが経営者の年功序列を断ち切ってこそ、社員のマインドセットも変わりＤＸも推進できると思うぞ。

その2

「CIOがDXを主導すべし」が大笑いのワケ 最高DX責任者がいない日本の悲惨

　最近、噴飯ものだと思う議論がある。「誰がDXを主導すべきか」というものだ。もちろん「社長に決まっているじゃないか」が正解なのだが、それだけをもってあきれているわけではない。社長がDXを我がことと思っていなければ話にならないのだが、それを前提として誰が社長の「名代」としてDXを主導すべきかという議論が大笑いなのである。「DXの旗振り役をCIOが担うべきだ」という人たちが一定数存在する。まさにこの議論が噴飯ものなのだ。そりゃ無理でしょ。ただ、どうやら「そりゃ無理」はこの人たちもよく分かっているようで、「DXを主導できるようにするにはCIOの役割を再定義しなければいけない」と大真面目に議論していたりする。だが、それは時間の無駄というものだ。

　こんな話をすると、「CIOではなくCDO（最高デジタル責任者）が担えばよいのだな」と早合点する人が出てきそうだが、それも違う。確かに企業によっては、DXを主導する役員としてCDOを設置しているが、実際にはとてもじゃないが「DX担当役員」とは言い難いケースが多い。その実態をよく見てみるといい。AIといった流行技術を使って何らかのデジタルサービスをつくる新設のデジタル推進組織の長にすぎなかったりする。

CIOとCDOの両役員を置く企業では、さらに噴飯ものの議論が起こる。いわく「DXを推進するうえで、CIOとCDOの役割分担はどうあるべきか」。いかにも和をもって尊しとなす日本企業らしいが、こんな議論をやっている時点でアウトだ。これから詳しく書くが、DXなんてできっこない。しかし当事者たちは大真面目である。で、たどり着いた結論は「両者が協力しつつ、CIOは基幹系システムの刷新で、CDOは新たなデジタルサービスの創出でDXに貢献する」となる。これはもう、笑うしかない。

確かに、デジタルサービスの創出はDXの重要な一環であるし、老朽化した基幹系システムの刷新はDXを推進するうえでの1つの前提だ。それに、CDOが長を務めるデジタル推進組織で新サービスのためのシステムを構築しようとすれば、基幹系システムとの連携などでCIOが長を務めるIT部門の協力を仰がなければならない。だからCIOとCDOが協力するのは当然である。

だがそれはDXの「D」、つまりデジタル（あるいはIT）についての役割分担と協力関係を言っているにすぎない。肝心のトランスフォーメーションはどうしたんだよ。何度も言うが、ＤＸの魂は「Ｘ」のトランスフォーメーション、つまり変革である。基幹系システムのお守りが主任務のＣＩＯ（というか、本当は執行役員ＩＴ部長にすぎなかったりするのだが）や、よちよち歩きのデジタルサービスの創出を手掛ける程度のＣＤＯは、ＤＸを主導することなどできない。それは両者が役割分担しても同じである。

何を変革したいのかが分からないDX戦略

実は「誰がＤＸを主導すべきか」を考える際に悩ましい問題がある。というか、ＤＸを考える上での問題と言ったほうがよい。単純な話だ。「変革、変革って誰もが力んでいるけど、そもそも何を変革するのさ」ってことだ。私がＤＸを定義する場合、「デジタルを活用したビジネス構造の変革」などと言っているが、この説明は曖昧だ。ビジネス構造とは「ビジネスを成り立たせている様々な要素の組み合わせ方」だから、本来は企業によって変革すべき対象は皆違うはずだ。

ところが、日本企業がにぎにぎしく発表するＤＸ戦略には、何を変革したいのか皆目見当が付かないものが結構ある。ひょっとしたら、ＤＸ戦略をぶち上げた経営者すら何をどうしたいのか分かっていないのではないか、そんな疑念が生じるケースもある。「そんなばかな」と思う読者もいると思うが、本当だぞ。記者や証券アナリスト向けの説明会に参加して、あまりの中身のなさに驚くことがしばしばある。

そんなDX戦略説明会では、まず必ず「当社を取り巻く経営環境の変化」、とりわけ「デジタル化の進展と、それに伴う顧客ニーズの変化」をたっぷり聞かされることになる。で、肝心の本題では「デジタルによる新たな顧客体験を提供していく」といった抽象度の高過ぎる「戦略」を聞かされたうえで、その具体例としてAIなどを使ったしょぼいデジタルサービスのPoCやRPAの取り組みなどの話が続く。

変革するのだし戦略なのだからゴールがあるはずだが、それが何なのかもさっぱり分からない。例えば製造業の企業が「脱・製造業」といったゴールを掲げれば、社内が大騒ぎになるからだろうと推測するが、「既存の事業もこれまで通り頑張る」と文言も入り、DX戦略の説明は混迷を深めていく。

どれもこれも話を聞いてもあまりに退屈だ。個別取材なら「ああでもない」「こうでもない」としつこく聞けるのでまだよいが、戦略説明会だと退屈過ぎて本当に眠くなる。最近は新型コロナウイルスの感染を避けるため、ZoomなどのWeb会議ツールを使うケースがほとんどだから、話を聞きながら本当に寝てしまうこともある。いや、これは不適切な表現だな。「記憶が飛んでしまうこともある」と言い換えよう。

もちろんデジタルディスラプションの直撃を受け、このままじゃ滅びるしかないところまで追い詰められた産業では、デジタルを活用して全面的な業態転換を図るといった「本気のDX」に取り組む企業もある。しかし、日本企業の多くは「何を変革して、どんなゴールを目指すのか」がよく分からない「なんちゃってDX戦略」を発表する。おそらく、株主や投資家に向けた単なるアピールなのだろう。

そんなわけなので、「誰がDXを主導すべきか」という議論が大笑いになるのは必然なのである。そもそもDXで何を変革するのかが明確でないのだから、DXを主導する役員のあるべき姿などを議論しても無駄ということだ。それゆえに「CIOは基幹系システムの刷新で、CDOは新たなデジタルサービスの創出でDXに貢献する」といった、あほみたいな結論に落ち着かざるを得ないのである。

客に少しはましなサービスを提供するためのDX

さて、ここからが本題だ。先ほど「企業によって変革すべき対象は皆違う」と書いたが、実は多くの日本企業にとってDXで取り組むべき共通の課題がある。それを明確にしさえすれば「誰がDXを主導すべきか」や、DXを主導する役員のあるべき姿も必然的に明らかになる。その共通の課題を端的に言えば、次のようになる。「顧客に少しはましなデジタルサービスや顧客体験を提供するために組織の壁をぶっ壊せ！」である。

念のために聞いておくが、これを読んで「えっ！何それ」と思った読者はいないよね。私なんかはこのフレーズを思い付いたときに、もうDXの定義を変えていいかなと思ったほどだ。

「デジタルを活用したビジネス構造の変革」というDXの定義は、過不足なくDXの本質を示せるが、やはり抽象度が高く退屈過ぎる。DXを実践するうえでも、あまり役に立ちそうもない。それよりも多少の誤解を恐れず、「DXとは顧客に少しはましなデジタルサービスや顧客体験を提供するために組織の壁をぶっ壊すこと」と言ってしまったほうが、すっきりと腹落ちする。

第2章その2で示した通り、日本企業は「勝手にやっている現場の集合体」だ。そんな完全縦割り組織をそのままにDX戦略なんて立案するものだから、訳の分からないことになる。「我が社の強みは現場力」と誤解した経営者は、DXを現場に丸投げするという暴挙を平気でやるし、デジタル推進組織が企画するデジタルサービスも既存のビジネスとは切り離されていたりする。基幹系システムの刷新にしても、各部門の要求を個別に聞いてつくるから、旧システムと変わらない統一性のない新システムが出来上がる。

こんな状態だから、実店舗に訪れた客がECサイトの商品情報を聞いても店員は答えられなかったり、ECサイトでためたポイントを使えなかったりする。スマートフォンアプリもサービスごとに操作性がばらばらで使いにくいこと限りなし、という代物に成り果てているケースも多い。全ては「勝手にやっている現場の集合体」故のことだ。これでは顧客体験は良いものにはならないし、各現場の業務も非効率極まりないままだ。だからDXでは、組織の壁をぶっ壊すことが必要になるわけだ。

そう言えば最近、この観点でのDXが必要だと思った事例があったな。みずほ銀行のシステム障害だ。2021年2月28日の最初のシステム障害では休日だったためか、キャッシュカードなどがATMに吸い込まれた顧客が多数いるにもかかわらず、各店舗の銀行員やコールセンターが十分に対応できず、経営陣は当日の緊急記者会見を開かなかった。メールによる情報提供も実施せず、Twitterなどソーシャルメディアのアカウントも沈黙を守ったまま。わずかにWebサイトで断片的な情報を提供するのみだった。

その結果、被害に遭った顧客を長時間にわたり放置してしまうという大失態につながった。みずほ銀行は最悪の顧客体験を「提供」してしまったわけだ。私はこの事件に接して、「みずほ銀行は客に少しはましなサービスを提供するために組織の壁をぶっ壊したほうがよい」とつくづく思った。つまり、システム障害を引き起こさない対策を打つとともに、万が一のときにもきちんと横連携して、顧客への適切な対応と情報提供ができるようDXに取り組む必要があると考えるのだが、いかがか。

「最高DX責任者」は誰が務めるべきか

日本企業が取り組むべきDXが「顧客に少しはましなデジタルサービスや顧客体験を提供するために組織の壁をぶっ壊すこと」だとすると、CIOやCDOに務まるだろうか。CIOの「I」はインフォメーション、CDOの「D」はデジタルだが、まさにその名称の通り彼らは「ITだけの人」だ。せいぜい「他の役員や事業部門長らと協力・協調してDXに取り組みましょう」と言えるぐらいで、「組織の壁をぶっ壊す」なんて豪腕を振るうことなど不可能だ。

組織の壁を突き破って、デジタル時代にふさわしい一貫したサービスや顧客体験を提供できるようにするDXを主導する役員を、仮に「CDXO」としよう。つまり「最高DX責任者」だ。企業がDXという変革を経営課題と定めるのであれば、CDXOは他の役員よりも強い権限を持たなければならない。だってそうだろう。変革が必要なら、それは経営課題の中でもトッププライオリティーだからだ。日々、他の役員の顔色をうかがっているようなＣＩＯらに務まる職務ではない。

ＣＤＸＯは当然、世界で進むデジタル革命や最新のＩＴ／デジタル関連の技術トレンドに見識を持ち、自社が所属する産業の動向や自社のビジネスに精通していることが必要だ。組織の壁をぶっ壊すための権限を有していても、それだけではどうにもならない。小汚い社内政治にも精通していなければならないし、人格的にもいわゆる突破力が必要だ。そんなわけなので、ＣＤＸＯを務めるのは本来なら社長がふさわしい。つまり社長兼ＣＤＸＯというわけだ。

ただ実際のところは、デジタルディスラプションで企業存続の危機にでもなっていなければ、社長がＣＤＸＯを兼務するのはオーバースペックかもしれない。社長は四半期の業績など目の前の経営課題で忙殺されているだろうし、ＩＴやデジタルが分かるふりをしていても実際は自信がない場合だってあるだろう。それに社長本人自身がＣＤＸＯとして組織の壁をぶっ壊そうとすると、危機感を持った他の役員の談合で、社長解任のクーデタを起こされる恐れもあるしな。

では誰がＣＤＸＯを務めるのかと言えば、そりゃもう実力派役員に決まっている。特に次期社長候補が務めるのがベストだと思うぞ。

もちろん、その実力があるのならＣＩＯやＣＤＯがＣＤＸＯの役割を担ってもよい。

だが、できもしないのに「CIOがDXを主導すべきだ」とか「DXを主導するためにCIOの役割を再定義する必要がある」などと言うのは、噴飯もの以外の何物でもないぞ。実力のないCIOやCDOは、実力派のCDXOの配下で基幹系システム刷新による業務改革やデジタルサービスの横展開などに取り組んだほうが、身のためだし会社のためだ。

最後に触れておくが、行政のDXでも同じだぞ。「国民に少しはましな行政サービスや体験を提供するために組織の壁をぶっ壊す」のが行政のDXだ。そういう発想が全くなかったから、2001年のe-Japan戦略から今日の新型コロナウイルス禍対策に至るまで、ろくでもないシステムやアプリをつくり続け失敗を重ねてきたのだ。

さて、デジタル庁が2021年9月に発足して、今度こそうまく行くのだろうか。はっきり言って、現状では無理だと思うぞ。根拠は行政のCDXOが不在だからだ。行政のDXに主に関わる大臣はデジタル改革相と行政改革相だろう。で、DXのうち、D（デジタル）がデジタル改革相の担当領域で、X（トランスフォーメーション）が行政改革相の領域。大臣を務める2人の政治家の力量はよく知らないが、CDXOの機能が分割されているようでは、行政のDXを成功させるのは難しいな。

その3

勘違いしていないか？ 基幹系システムの要件定義は経営者の「仕事」に決まっている

なぜ日本企業の経営者は、ビジネスの根幹を担うシステムの開発をIT部門任せ、あるいはITベンダー任せにするのか。いわゆる丸投げをなぜ続けるのか。以前なら「社長はITに関心がない」あるいは「ITを分からない」がその理由だったが、空前のDXブームとなった今ではさすがに「関心がない」「分からない」と恥ずかしげもなく言う経営者は表面的には消え去った。

だけど、である。株主や投資家らに「我が社のDX」を熱く語る経営者であっても、それを実現するためのシステム開発では丸投げの場合が多い。さすがに「システム開発は専門家である君たちに任せた」と気持ち良く丸投げするケースは少なく、「私もオーナーシップを発揮して……」などと言ったりするが、何をもってオーナーシップを指すのかがよく分からない。で、オーナーシップはどこへやら、現場主導で粛々と開発が進み、愚にもつかないシステムが出来上がる。

デジタルサービスのためのシステムなら、現場が主導してトライ・アンド・エラーで取り組み「社長はしばらく黙っていてください」でもよいだろう。だが基幹系システムの刷新の場合、それでは困る。費やすお金だけに着目しても、デジタルサービスのためのシステムの100倍、あるいは1000倍の開発費がかかる。ところが経営者の関心度で見ると正反対になる。デジタルサービスの創出はいかにも戦略的な取り組みなので、丸投げしていても経営はそれなりに関心を持つ。それに比べて基幹系システムに対する経営者の関心度は100分の1だったりする。

これじゃいかんということで、日本企業の経営者の関心を基幹系システムに向けさせるための「悪巧み」が、例の「2025年の崖」だ。2018年9月に経済産業省が発表した「DXレポート」に盛り込まれたフレーズである。そのココロは、多くの日本企業が抱える老朽化した基幹系システムをこのまま放置していれば、2025年あたりにシステムが立ちゆかなくなり、DXどころではなくなるというもの。役所の報告書らしからぬキャッチーな文言だったこともあり、ちょっとしたバズワードになった。

断っておくが、悪巧みといっても、2025年では別に間違ったことは言っていない。「崖」の根拠となった数字には多少あやしいところがあったが、多くの企業が老朽システムを2025年まで放置するような事態になれば、DXは進まず、世界のデジタル革命の進展から取り残されるのは間違いないからだ。新しいデジタルサービスを立ち上げるには、顧客情報などを管理する基幹系システムとの連携は欠かせない。経営者が素早く正しく意思決定するうえでも、データを提供する基幹系システムがオンボロでは話にならないのだ。

これを悪巧みと高く評価するのは、経営者の関心を基幹系システムに向けさせる「策」としても極めて優秀だったからだ。基幹系システムの問題をDXと明確に結び付けたことで、基幹系システムの刷新を経営課題として意識させることに成功したのだ。私も「これは良い策」だと思い、日経クロステックや日経コンピュータの記事で何度も使わせてもらった。

要件定義を巡る勘違いを正せ

そんなわけで日本企業の経営者の間では、欧米企業などと比べて圧倒的に遅れていた基幹系システムの刷新が「DXの一丁目一番地」であるとの認識が定着するようになった。経営者に対する学習効果の面で、2025年の崖はバズワードとして満点の出来だ。だが実際のシステム刷新になると、冒頭で書いたように、「私もオーナーシップを発揮して……」などと言いながら、システム開発も、それと連動する業務改革も現場に丸投げしてしまう経営者が後を絶たない。いったい、なぜか。

ここでは、ある観点から問題を指摘してみたいと思う。それを一言（正確には二言）で述べれば、「経営者の責任を、オーナーシップなどという抽象的で、どんなふうにも解釈できる概念で語っているから、基幹系システム刷新の際、経営者は現場に丸投げしてしまうんだ。経営者に経営者としての仕事をさせろ」となる。

突然だが、システム開発における要件定義はいったい誰の仕事だろうか。毎度、客からシステム開発を丸投げされて要件定義まで代行していることから、要件定義まで自分たちの仕事だと思い込んでいるＩＴベンダーの技術者をたまに見かけるが、これは論外の間違い。もちろん発注した客の仕事に決まっている。では、ＩＴ部門の仕事だろうか。これも違う。本来はシステムを使う人の仕事だ。こう書くと反論が出てきそうだが、その件は後回しにして話を先に進める。

実は「システムを使う人」だけでは大きな誤解を招く。この「使う人」とはシステムを使ってデータを処理する人、つまりエンドユーザーのことではない。そのシステムを使って業務の効率化、コスト削減などの目的を果たしたい人のことである。生々しく言えば、システムをつくるお金を出す人のことだ。つまり、業務改革やＤＸの推進という経営の目的を果たすために取り組む基幹系システムの刷新においては、経営者がその「使う人」に当たる。だから要件定義は経営者の仕事なのだ。

もちろんシステムは用途ごとに「使う人」が違う。例えば基幹系と呼ばれるようになったシステムも導入当初は、現場にとってのお役立ちツールであった。会計システムなら経理部門の仕事を、人事給与システムなら人事部門の仕事を効率化して楽にするために導入された。言うならばＥｘｃｅｌなどと変わりがない。この時点では、その後に基幹系と呼ばれるようになるシステムも、「使う人」はせいぜい経理部長や人事部長にすぎなかった。

ところが、ＥＲＰ（統合基幹業務システム）の登場により、状況が大きく変わる。日本企業の経営者にとってシステムは長い間「現場にとってのお役立ちツール」の延長でしかなかったが、欧米企業の経営者はこれを使えば業務の標準化と見える化が可能になると気づいた。そこで取り組んだのが、世に言う「ＥＲＰ導入による業務改革」である。日本企業は随分立ち遅れてしまったが、「２０２５年の崖キャンペーン」の奏功もあり、ようやく日本企業の経営者の認識も欧米企業に追いついてきた。

というわけで基幹系システム、今では当然ＥＲＰやクラウドベースのシステムだろうが、それを「使う人」は経営者なのである。だから基幹系システムの刷新では「要件定義は自分の仕事だ」との自覚を経営者に持ってもらわなければならない。それこそがオーナーシップの具体化である。「いくら何でも、経営者に基幹系という巨大システムの要件定義をさせるなんて無理でしょ」とあきれる読者がいると思うが、それは違うぞ。この後、順番に説明する。

要件定義と要求定義を分けるのはナンセンス

まず、先ほど「要件定義はシステムを使う人の仕事」と書いたところで、「ちょっと待った」と反論したくなった人が大勢いたことだろう。言いたいことは分かる。「システムを使う人の仕事は要件定義ではなく、要求定義のほうでしょ」であろう。システムを使う人は要求定義書を作成し、それを基に技術者が要件定義書を作る——。大規模システム開発プロジェクトの教科書などによく登場する役割分担である。

いやぁ、この要件定義と要求定義の区別はその世界の大御所たちもこぞって推奨するものだけに、平気で暴論をぶつ私もけんかを売るのはさすがにビビるが、この際だ、はっきりと書いてしまおう。要求定義を使う人の仕事とし、要件定義を技術者の仕事として機械的に分けるのはナンセンスの極みである。

どうしても言いたければ、要件定義工程の中間生成物を「要求定義書」などと呼ぶのは勝手だが、あくまでも要件定義書を作り、実際にシステムを開発するＩＴベンダーなどの技術者に渡すまでが、システムを使う人、あるいはお金を出す人の仕事だ。要件定義書の作成に当たっては、ＩＴ部員に「代筆」してもらってもよいし、要件定義書のレビューを部下に任せてもよいが、要件定義は誰の仕事かを間違ったり、曖昧にしたりしてはいけない。

そもそも要求定義なる工程は、ご用聞きのＩＴベンダーのご用聞き商売、人月商売にとってドンピシャの発想から生まれたものだ。要求定義書はいわば「ご用聞き帳」である。お金を出す人やシステムを使う人から要求（＝ご用）を聞いてまとめ、「後はお任せください」と言って要件定義書までも作成して差し上げる。で、お金を出す人から形式的なはんこをもらえば一丁上がり。その後は要求（＝ご用）の通りシステムをつくり、約束した人月単価と工数で料金をもらえばよい。

このやり方がまずいのは、お金を出す人やシステムを使う人の丸投げを助長する点にある。「要求は出したからな。後はお前らでやれ」というわけだ。これが基幹系システムの刷新ならどうなるか。あらゆる利用部門から山のような要求が出てくるだろう。その大半は経営の観点からはどうでもよいものだろうが、予算額に合わせて、各部門の声の大きさに合わせて要求は取捨選択され、要件定義書の中に盛り込まれる。当然、出来上がるシステムは、元の老朽システムと変わらない愚にもつかないシステムとなる。

何度も言うが、中間成果物を「要求定義書」と呼びたければ呼んでもよい。だが、何らかの目的のためにシステムを使おうとする人が、要件定義書を渡すところまでを自らの仕事としない限り、ろくなシステムをつくれない。要求を出して「後は任せた」では、必ずその他大勢のシステムを使う人、つまりエンドユーザーたちのどうでもよい要求が紛れ込んでくる。単に要件が肥大化して開発費が高くなるだけならよいが、どうでもよい要求のために本来の目的が達成されないなら、これほど愚かなことはない。

というわけで基幹系システムの刷新なら、経営者に「要件定義は自分の仕事」という自覚がなければ話にならないわけだ。つまり、現場のお役立ちツールではなく、「経営のツールとして、あるはDXの要として、どんなシステムをつくるのか」を経営者自身が明確にしないといけないということだ。そもそも今ならERPなどを可能な限りそのまま使い、各部門の個別要求を極力排除するはずだから、経営者による要件定義はシンプルで体系的なものになるはずだ。

「仕事」という言葉の重さ

読者にはまだ疑問が残っているはずだ。「基幹系システムの刷新では要件定義は経営者の仕事と言うけれど、そもそもそれは『仕事』なのか。別に経営者自身が作業するわけではないのだから、要件定義は経営者の『責任』とでも言えばよいだけではないか」。そんなふうに不審に思い、ふに落ちないのではないか。

だが経営者の責任と言った場合、その責任とは何か。日本語の「責任」は極めて曖昧だ。というか、責任者であるにもかかわらず責任を持とうとしない連中ばかりになったため、責任という言葉が希薄化してしまったのかもしれない。基幹系システムの刷新の場合なら、経営者は「最終的な責任は私にある」と言えば、後は丸投げでOKだ。仮に失敗に終わっても、基幹系システム（ごとき）の失敗では経営者が「ハラキリ、プリーズ」となるわけがない。

「オーナーシップ」という言葉も「責任」とどっこいどっこいだ。だから経営者は「私もオーナーシップを発揮して……」と言うものの、後は平気で丸投げとなる。一方、「私の仕事」と言った場合は、そうはいかない。基幹系システム刷新のための要件定義は自分の責任と自覚した経営者は、必ずやオーナーシップを発揮し、業務改革やDXという経営目的に沿った要件になるよう責任を持って推進するはずだ。

そもそも論で言えば、経営者の仕事の大半は自分で手を動かすことではない。実際に手を動かすのは部下である現場の仕事だ。経営者はそれを統制し、部下たちが手を動かした結果において、自らの経営戦略や経営意思が実現されているかを確認し、それに対して責任を取る。これが経営者の仕事である。その意味では、現場に平気で丸投げする日本企業の経営者は自身の仕事に対する自覚が足りないのだ。そんなわけなので基幹系システムの刷新においては、何としても「要件定義は自分の仕事」という自覚を持ってもらわなければならない。

経営者が要件定義は自分の仕事との自覚を持てば、単なるシステム刷新を成功させる以上の効用がある。要件定義の中には、システム刷新に伴って実現される業務改革などの中身に相当するものが記述されているはずだ。逆に業務改革に合致しない要件が含まれていたら、それは該当する部門の抵抗勢力による仕業なので、排除しなければならない。つまり経営者が要件定義を自身の仕事として遂行することは、経営者として最も重要な仕事である業務改革やDXの成功に向けて、強力にコミットすることにつながるわけだ。

あえて言う必要もないとは思うが、要件定義が経営者の仕事であれば、必然的に完成したシステムが要件を完全に満たしているかを確認するのも経営者の仕事となる。もちろん、業務改革などの成果としてシステムに実装された業務プロセスによって、日常の業務がきちんと回るのかを確認することも経営者の仕事となる。こんなふうに経営者がオーナーシップを発揮し責任を持ったならば、DXの一丁目一番地である基幹系システムの刷新は大成功を収めて当然である。

そんなわけなので、2025年の崖に触発されて基幹系システム刷新の重要性に目覚めた経営者には、要件定義は経営者の仕事という自覚もぜひ植え付けたい。皆さんの会社の社長はどうか。CIO以下、IT部門が総出で、場合によっては外部のコンサルタントらも動員して、経営者を「洗脳」してほしい。えっ、そんな話をしたら「基幹系システム刷新のような面倒な案件は次の社長に話してくれ」と言われそうですって。それじゃ、あなたの会社、本当にもう駄目だな。

その4

基幹系刷新で大金をドブに捨てた経営者やＣＩＯ後悔の弁は結構だが問題はこれからだ

基幹系システムの刷新プロジェクトは、今後のＤＸ推進のためにむしろ失敗したほうがよいのかもしれない――。こう書くと嘲笑されそうだが、決して妙なことではないぞ。リアルな現実を踏まえた結論である。

この10年ほど、様々な日本企業の経営者やＣＩＯに話を聞く機会があった。その中で、完遂したはずの基幹系システムの刷新について反省や後悔の弁を述べる人が結構いたのだ。面白い（本当は面白くないが）ことに、その内容は驚くほど似通っていた。

例えば基幹系システムにＥＲＰを導入した大手製造業の経営者は、「うちの業務のやり方にソフトウエアを合わせてしまった。もっと現場の業務を整流化（＝標準化、パターン化）して導入すべきだった」と悔やんでいた。この企業はＩＴ活用の先進企業と見なされていたが、経営者から言わせれば「先進企業と呼ばれるには値しない」とのことだった。

つい最近でも、ある大企業のＣＩＯが次のような話をしていた。「基幹系刷新に当たって、利用部門の要求を可能な限り反映してシステムを再構築してしまった。『その業務、そのサービスは本当に必要か』から詰めるべきだった」。ほら、この反省の弁は製造業の経営者の後悔と本質的に何も変わらない。両者とも「業務改革なき基幹系システム刷新」を自社でやらかしてしまったことを嘆いているのだ。

その他にも複数の経営者、複数のCIOから似たような話を聞いた。なぜ反省や後悔の弁を語ったのかと言うと、システム刷新後の保守運用で湯水のごとくお金を使ってしまったからだ。業務改革なき基幹系システム刷新をやらかした企業の大半では、開発費は当初予算の2倍、3倍に膨らみ、納期もベタ遅れになる。先ほどの製造業と同じく基幹系刷新でERPを導入した別の製造業の経営者も「ERPのために稼いでいるようなものだ」と嘆いていた。

こうした嘆きを世間では「後の祭り」と言う。ただ後の祭りとはいえ、反省や後悔の弁を経営者らが語るようになったのだから、昔と比べると日本企業も少しはましになったのかもしれない。以前ならこんな状態になっても、対外的には「基幹系システムの刷新で業務改革に成功」などと強弁していたからな。さて、冒頭で「基幹系システムの刷新プロジェクトは失敗したほうがよい」と書いた理由は、もはやお分かりだろう。

プロジェクトが炎上しても「失敗」とならない訳

「もはやお分かりだろう」と書いたが、読者から「基幹系システムの刷新プロジェクトは失敗したほうがよいと言うが、先ほど紹介していた話こそそもそも失敗事例ではないのか」と不審の声が上がりそうだ。確かに経営者やＣＩＯが反省や後悔の弁を述べるぐらいだから、客観的に見ればシステム刷新プロジェクトはどれもこれも失敗と断ずるしかない。だが日本企業のまか不思議さで、正式に失敗と総括されることはない。

ある意味、そりゃそうかもしれない。プロジェクトが炎上して想定外のオーバーラン。その結果、開発費が数十億円、あるいは数百億円、場合によっては１０００億円以上も余計にかかったのだ。だから「失敗」と認定してしまうと、明確に経営責任を問われる。経営者は何とか逃げ切れるか、逃げ切れなくても社長から会長に「退く」ことで責任を取ったことにできるかもしれないが、少なくともＣＩＯはトカゲの尻尾切りを免れまい。だから、システム刷新をとりあえず「完遂」できたのなら、経営陣は誰もそれを失敗とは言わない。

それに身も蓋もなく言えば、業務改革なき（今風に言えば「ＤＸなき」）基幹系システム刷新について反省や後悔の弁を述べる経営者やＣＩＯは、厳密な意味で「当事者」ではない。前任の経営者やＣＩＯのときのプロジェクトであったり、プロジェクトが遅延したことで結果的に自分も経営者やＣＩＯとして関わることになったりしたのだ。失敗と断じると、現会長など前任者の責任を問わなければならないため、「和をもって尊しとなす」経営者やＣＩＯはそんな厳しい総括をしないのだ。

そんなわけなので、ＩＴ部門など刷新プロジェクトチームに対する評価も優しい。「ＩＴ部門は事業部門の要望に懸命に応えようとした。本当に頑張ったと思う」とか「老朽化したシステムを長く使ってきたのだから、システム刷新の際に事業部門が多数の要望を出すのは当然だ」と現場をかばう。さらに「業務改革をしっかりやった後でシステムを刷新しないとうまくいかないとは、誰も事前に想定できなかった」といった言い訳もする。

そりゃ、経営者やＣＩＯなど経営陣の責任を自ら厳しく追及しないのだから、ＩＴ部門や事業部門など現場に対する責任の追及も甘くなるのは当然だ。もっとも、後で再び言及するが、昔はシステム刷新でこのような事態に立ち至ると、ＩＴ部門が「システム開発もまともできない」と指弾されるケースが多かった。もちろん正式に失敗とは総括しないものの、いつの間にかＩＴ部長が左遷されていたというのはよくある話だった。しかし最近では「経営の責任」との認識もあるので、ＩＴ部門に責任を押しつけるようなまねはしないのだ。

さて、ここまで読んだ読者は「おいおい本当か」と疑いたくなるかもしれない。もちろん本当である。どこの誰かという特定を避けるために言い回しなどを多少変えてあるが、基幹系システムの刷新のために大金をドブに捨ててしまった企業の経営者やCIOも「ほとぼりが冷めた」頃になると、そんな話を聞かせてくれるのだ。

経営者やCIOが反省や後悔の弁を述べたところで、もはやどうすることもできない。まさに後の祭りだ。新しい基幹系システムに費やしたお金、すなわち当初予算の2倍、3倍に膨らんだ無駄金はもはや戻ってこない。会計上は、ため息をつきながら数年かけて減価償却していくしかない。せいぜい経営層としてできることは、どこかの銀行が実施したみたいに、後年のIT投資などの制約要因にならぬように特別損失として一括処理するぐらいだ。もちろん「システム刷新の失敗」と見なされないように、もっともらしい別の理由が必要なのだが。

大金をドブに捨てたことより深刻な問題がある

どうすることもできないという意味では、お金の問題以外にもっと深刻なことがある。つくってしまった基幹系システムは当分の間、どうすることもできないという点である。

「当分の間」とは昔なら5年程度だったが、今なら10年、下手をすると20年にわたって、その基幹系システムを使い続けなければならない。ドブに捨てた大金に気がとられているせいか、気がついていない経営者やＣＩＯは多い。

要するに、新しくつくった基幹系システムが、事業部門などの業務の非効率をこれから先、10年あるいは20年にわたり固定し続けるということだ。「業務改革なき基幹系システム刷新」だったわけだから、これまでの基幹系システムに固定されていた古い業務のやり方、部署ごとに部分最適化された非効率な業務プロセスを、ほぼそのまま新システムに移してしまっている。これから先のＤＸの推進に、古い業務のやり方や部分最適を固定する基幹系システムが大きな桎梏《しっこく》となる可能性が高い。

これは本当に深刻な事態だぞ。真新しい基幹系システムに乗っているのは、過去の業務のやり方だ。本来ならシステム刷新の際に、今の事業環境にマッチするよう、各部署の業務内容、責任と権限、各種のルールやコミュニケーションの方法、経営による統制手段などを見直して、ベストな業務プロセスを導入しなければならない。それが業務改革であり、全体最適であり、基幹系システム刷新の最大の意義と効果だ。

それなのに、わざわざプロジェクトを炎上させて予算の2倍、3倍の大金をドブに捨ててまで、古い業務プロセスをピカピカの新システムに乗せる。その結果、今から10年、

20年にわたり、基幹系システムがその企業に対して非効率な業務を押しつけ続ける。世の中はデジタル革命のさなかなのに、基幹系システムを今さらどうすることもできず使い続けるならば、その企業が生き残れるかは保証の限りではない。

以前、こうした愚かな基幹系システム刷新に対して、業務改革を伴うシステム刷新を成し遂げた経験のあるCIOが「10年後、20年後のレガシーシステムを今つくってどうするのか」と喝破していた。「なるほど」と感心して記事で使わせてもらったが、改めて考え直すと少し違うな。愚かなシステム刷新で10年後、20年後のレガシーシステムをつくったのではない。つくった途端にレガシーとなるシステムをつくったのである。

そんなわけで冒頭の話に戻り、「基幹系システムの刷新プロジェクトは失敗したほうがよい」のである。ここで言う「失敗」とは当然、誰がどう見ても失敗と断じるしかない悲惨な失敗である。プロジェクトが途中で頓挫してシステム刷新を断念する事態や、完成したはずのシステムがバグだらけで使い物にならないといった事態だ。さすがに、少なくともCIOはその職を追われるだろうが、これはやむを得ない。

その企業は再度、基幹系システムの刷新にチャレンジしなければいけないが、今度こそ経営者は正しいアプローチをとるだろう。実際、システム刷新に失敗したある企業は外部からCIO（いわゆる「プロのCIO」）を招へいした。そのCIOは業務のやり方を

ERPに合わせる方針を打ち出し、事業部門の長や現場を納得させた。何せ前回は事業部門の要求をIT部門がひたすら聞き入れた揚げ句に破綻したので、事業部門は「戦犯状態」だ。なので現場の組織立った抵抗はほとんどなく、業務改革を伴う基幹系システム刷新に成功したそうだ。

次の基幹系システム刷新に教訓を生かしようがない

ここまで、「業務改革なき基幹系システム刷新」をやらかしてしまった企業の経営者やCIOの弁をネガティブに書いてきたが、少なくとも話を聞かせてくれた人たちは、何が問題だったのか、どうすればよかったのかは理解している。IT部門に責任を押しつけてはいないし、経営の責任もそれなりに認識している。基幹系システム刷新の際には業務改革が不可欠なことも、今となっては十分に認識した。

その意味では、先ほど書いたように昔に比べればはるかにましだ。昔なら、というか今でも多くの企業がそのようなレベルなのかもしれないが、基幹系システムの刷新プロジェクトが遅延して、開発費が当初予算をはるかにオーバーしてしまうと、IT部門が一方的に責めを負わされた。プロジェクトがうまくいかないのは、システム開発での技術面のみの問題とされ、「ＩＴ部門はＩＴの専門家集団のはずなのにシステム開発もまとももできないのか」と指弾された。

だが、これはとんでもない話だ。大概の場合、問題の根本は事業部門の過大な要求をＩＴ部門が聞き入れざるを得なかった点にある。「今の業務のやり方を一切変えてはならぬ」と言われて、旧システムの一貫性のない、複雑怪奇な機能を新システムでも再現しなければならなくなる。さらに「システムを新しくするんだから、こんな機能やあんな機能も欲しい」と事業部門から要求される。それに何とか対応しようと要件を無駄に膨らませれば、そりゃ誰がやってもうまくいかない。

最大の原因はもちろん、経営者がシステム刷新を現場に丸投げしたからである。ひどい場合はＣＩＯまでが丸投げする。財務担当や営業担当の役員がＣＩＯを兼務しているケースが多いからである。そうなれば社内の立場が弱いＩＴ部門は事業部門の要求を聞き入れざるを得ず……という事態になる。反省や後悔の弁を聞かせてくれた経営者やＣＩＯはこの点をよく認識していて、ＩＴ部門がアホウだなどとは決して言わない。

ただ残念なのは、「業務改革をやった後でないとシステム刷新がうまくいかないとは、事前に想定できなかった」などと言っていることだ。うーん、それは事前に分かるでしょ。数十億円、数百億円の投資なのに、プロジェクトが炎上して追加投資（無駄金）が必要になるリスクや、新システムが今後の経営の足を引っ張るリスクを認識できてなかったのはアカンでしょ。プロジェクトの立ち上げ時には直接の当事者でなかったのかもしれないが、当時から経営層の一角だったのなら責任は免れない。

まさに後の祭り、後悔先に立たずではあるが、最初から経営者やＣＩＯが業務改革と基幹系システム刷新で強力なリーダーシップを発揮していれば、残念な結果に終わらなかったはずだ。例えば全社の業務をゼロベースで見直して全体最適を追求し、まっさらな状態で新たな基幹系システムを構築するという「無謀なこと」をやったとしても、当初予算の2倍、3倍に膨らんだポンコツシステムよりはるかに安上がりに済んだであろう。

まあ、そんなわけなので、次の基幹系システム刷新の際にはこの教訓を生かして……。いや、駄目だな。次の刷新の機会が10年後なら、今の経営層は皆リタイアしている。恐らく教訓は受け継がれず、また同じことの繰り返しになる可能性が高い。で、そのときの経営者やＣＩＯも「事前に想定できなかった」と同じ反省や後悔の弁を述べているかもしれない。もちろん、それまで会社が存続していればの話だが。

その5

「経営者はＩＴオンチのほうがよい」、ＩＴ部門とＳＩｅｒがひた隠しにする不都合な真実

世の中には「不都合な真実」が数多く隠されている。明るみに出て広く知られると関係者が困った事態に陥るため、どんなに真実で重要な事実であっても関係者によって隠匿されてしまったり見て見ぬふりをされてしまったりする。そんな不都合な真実は我らがＩＴ業界やＩＴ部門にも多数ある。その最たる例をご紹介しよう。

日本企業のＩＴ投資が、欧米企業どころか新興国の企業と比べてもダメダメなのは周知の通りだ。例示するまでもないと思うが、ＥＲＰやクラウドサービスなど出来合いの製品を積極的に使おうとせず、愚にもつかない独自仕様のシステムにこだわり続けるのは日本企業ぐらいだ。

で、その原因を突き詰めると「日本企業の経営者の多くがＩＴを分からず現場に丸投げするから」という結論になる。今でこそ、ＤＸの重要性に目覚めＩＴを分かろうとする経営者や、少なくとも分かったふりをする経営者が増えてきたが、依然として自ら「俺は

ＩＴを分からない」と言い放つ経営者が何人もいる。

ここまでの話は当然、隠されてきた不都合な真実ではない。むしろ周知の事実だ。大企業のＩＴ部長に会えば「うちの社長はＩＴに理解がなくてねぇ」といった嘆きを聞く羽目になるし、ＳＩｅｒからは「お客さんの経営者が困った人で……」などといった陰口を聞かされたりする。

もちろん、日本企業の経営者がＩＴを分からないという事態は大問題だ。ＩＴオンチの歴代サラリーマン社長に率いられてきた大企業は、デジタル革命の時代になり軒並み競争力を落とした。十数年前に「ネットビジネス（今で言うデジタルサービス）など虚業だ」とシニカルに語っていた家電メーカーに至っては、新興国企業の子会社に成り果てた。

日本がデジタル革命の波に乗るためには、一刻も早く全ての経営者にＩＴを分かるようになってもらわなければならない。仮に、今の経営者にそれを求めるのが「八百屋で魚を求める」ようなものならば、とっととＩＴを分かる人物に差し替えたほうがよい。私がずっと主張してきたことだが、ユーザー企業、ＩＴ企業を問わずＩＴ関係者の共通の願いでもあると思ってきた。

ところが、である。ＩＴオンチの経営者の存在はＩＴ部門やＳＩｅｒにとっては大歓迎だったのだ。つまり言っていることと本音は違う。これこそが不都合な真実だ。恐らくここまで読んで「そんなばかな」と不審がる読者と「何だ、そんなことか」と拍子抜けする読者がいると思うが、話にはまだ先がある。

特にSIerにとっては、日本企業の経営者の多くがITを分かるようになると大変な事態に立ち至る。ご用聞きに基づく人月商売は存続の危機にさらされるのだ。だからSIerは本音では、客の経営者にはあまり賢くなってもらいたくない。できればITオンチのまま「DXだ！DXだ！」と騒いでいてほしい。だがもちろん、それはかなわぬ願いである。

システム開発を投資扱いにしない策がある

実際、ITを分からないサラリーマン経営者が何代も続くというのは、大企業であればあるほどIT部門には歓迎すべき事態だった。経営者から干渉を受けずに、それなりのIT予算を自由に差配できたからである。当然、IT部門にへばりついているSIerもそのおかげで大きな恩恵を受けてきた。

IT部門が巨額のIT予算を自由に差配するための武器は「保守費」である。読者の皆さんは不思議に思ったことはないだろうか。ハードウエアの保守なら、誰にでもその意味は分かる。では、ソフトウエアである業務アプリケーションの保守とは何なのか。バグ潰しなら、初期不良の修理対応として理解できる。だが、ユーザーの要望を受けて改修するのは果たして保守なのか。

実は、ソフトウエアの改修を「保守」と呼ぶのは、長年のＩＴ部門の悪知恵である。一口にソフトウエアの改修と言っても、ユーザーの要望を満たすためにサブシステムを構築する場合もある。大手金融機関なら１件の改修案件で数億円の規模になることすらある。これはもう改修ではなく、システム開発と言うべきレベルだ。

そんなシステム開発を改修として「保守」の枠組みに押し込むのには、明確な理由がある。ＩＴ予算上の保守費はあくまでも「費用」であり、「投資」ではない。投資ならば少額の案件であっても経営会議などに上げて、案件ごとに経営の決裁を得なければならない。一方、保守費という費用ならば、毎年ある程度どんぶり勘定で確保できるので、ＩＴ部門にとっては好都合なわけだ。

このからくりに気付いたのは随分前だ。恐る恐る懇意にしていたＣＩＯに私の仮説をぶつけてみたら、そのＣＩＯは「君、よく知っているね」とニヤリと笑った。その後、「経営者がＩＴをよく分からない以上、ＩＴ部門が予算を差配して柔軟にシステムを構築したほうが会社のためになる」といった話を聞かされた。「なるほど」と感心してしまった記憶があるので、当時の私は単なるアホウだった。

さらに言えば、投資案件としてのシステム開発の承認も、経営者や他の役員がITオンチである限り、IT部門にとってはさほど難題ではなかった。大手金融機関の経営者から聞いた昔話によれば、経営会議に上がってきた50億円以上の規模のシステム開発案件は、2～3の質問が出ただけで異議が全く出ず、簡単に了承されたそうだ。社長以下、出席者の誰もがITを分からないから当然のことだった。

IT部門の不都合な真実は他にもある

ここまで書いてきた話は、IT部門にとって古き良き時代の出来事だ。ご存じの通り、「失われた20年」と呼ばれる日本経済の大スランプ期を契機に、多くの企業でIT部門の立場は悲惨なものになっていった。IT部門が自由に差配できたIT予算はどんどん削られ、人員削減などIT部門もリストラの対象となった。結果、多くのIT部門は劣化して素人化が進み、今ではIT部門自身が「ITを分からない」という情けない状態に陥った。

そんな目に遭ったIT部員の中には「経営者がITの重要性を分からないから、IT

部門をこんな状況に追い込んだ」などと、経営者に対する恨みつらみを言う人もいるが、残念ながらそれは真実ではない。経営者もリストラに迫られるなかで「うちのシステムは経営の役に立っていない」という、もう1つの不都合な真実に気付いたのである。

つまりITオンチだった経営者が少し利口になったのだ。日本の大企業では、大半の経営者が期間限定のサラリーマン経営者だから、1人の経営者が利口になったと言うよりも、代替わりによって、少しはITを分かる経営者が出てきたと言ったほうが適切だろう。かくして、50億円以上のシステム開発案件が経営会議をスルー状態でOKされる幸運は、もはやあり得なくなったのだ。

とはいえ、中途半端にITを分かるようになった経営者はある意味、ITを全く分からない経営者よりも始末に悪い。どんな分野でも一知半解はけがのもとである。「うちのシステムは経営の役に立たない」というのは正しい認識なのだが、一知半解の経営者には「ではどうするのか」というIT戦略がない。結果として今、多くの日本企業がデジタルの取り組みで劣後する事態になったのだ。

IT部門がどうなったのかと言うと、依然として「うちの社長はITを分からない」と嘆いていたりする。だが今の嘆きも以前の嘆きと同様、不都合な真実が隠されている。多くのIT部門は素人集団に成り果てたとはいえ、それはそれで結構なご身分だ。システムのお守りをＩＴベンダーに丸投げして「ベンダーマネジメント」と称する窓口業務をやっていれば、平穏な日々を送れるからだ。

そんな状況で、本当にＩＴを分かる人が経営者に就任したらどうなるか。新社長は当然、ＩＴ部門に対して自社システムの現状と課題に対する報告を要求し、新たなＩＴ戦略（今風に言えばＤＸ戦略）に関する意見も求めるだろう。素人集団のＩＴ部門はこうなるともう「詰み」の状態だ。出入りのＳＩｅｒらに入れ知恵を求めても、ろくな知見は得られない。結局、新社長から「うちのＩＴ部門は使えない」と断を下されるのがオチである。

ＩＴ部門が素人集団化したのは歴代経営者の責任かもしれないが、新社長には責任が無いケースが多い。だから新社長は何のしがらみもなく、使えないＩＴ部門をどうするかを決められる。実際、経営者が交代したタイミングで用済みとなり、解体・再編されてしまったＩＴ部門がある。だから素人集団のＩＴ部門、よりピンポイントに言えばＩＴ部長らＩＴ部門の管理職にとって、ＩＴを分かる経営者の登場は困った事態なのだ。

ＩＴオンチに最適化したご用聞き商売

ＳＩｅｒの場合、客の経営者がＩＴオンチのままであっても、一知半解にＩＴを分かった気になっていても大勢に影響はなかった。経営者がＩＴオンチならば、ＩＴ部門がＩＴ予算を差配するので、ＩＴ部門に出向いてひたすらご用を聞けばよい。ＣＩＯやＩＴ部長、そして担当者としっかりリレーションを築いておけば、競合にリプレースされるリスクは少なく、それなりにもうけられた。

経営者が「うちのシステムは経営の役に立たない」という不都合な真実に気付いてＩＴ部門のリストラに乗り出したとしても、これまでならそれほど心配する必要は無かった。ＩＴ部門が素人化するのに従って、これまでＩＴ部門が自身で担っていた仕事、例えば要件定義や保守運用までも丸投げしてくるので、ＳＩｅｒとしてはありがたく請け負えばよかったからだ。

その結果、基幹系システムなどのコードを触れるのは、ＳＩｅｒや下請けＩＴベンダーの常駐技術者しかいなくなる。もはやＩＴ部門単独では既存のシステムを維持するのは不可能になるから、完璧なベンダーロックインが完成する。そんなわけなので、客の経営者がＩＴオンチ、あるいは一知半解のままでいるのは、ＳＩｅｒにとって極めて好ましい状態だったのである。

ところが今、デジタル革命の時代となりＤＸの必要性が叫ばれるようになったため、ＩＴに強い関心と問題意識を持つ経営者が増えつつある。自らの言葉でＤＸに向けた戦略を語る経営者も登場してきた。ＳＩｅｒやＩＴ部門が常々求めていたはずの「本当にＩＴを分かる経営者」が増えていきそうな雲行きだが、それによりＩＴ部門、そしてＳＩｅｒは窮地に陥るはずだ。

本当にＩＴを分かる経営者がまず求めるのは、ＤＸ戦略の立案などで頼りになる参謀だ。その意味では、多くのＩＴ部門は失格だ。もちろんＳＩｅｒも全く役に立たない。なぜならご用聞きにすぎないからである。そもそもＳＩｅｒは経営幹部といえども、客の経営者にめったに会わない。たまに会ったとしても、客の経営者の話に思い切りうなずくだけで何の役にも立たない。

今から思えば、ご用聞きの人月商売は、客の経営者がＩＴオンチであることを前提に、それに最適化したビジネスだったと言える。経営者がＩＴに関心がない状況で、ＩＴ予算を差配するＩＴ部門のご用を聞いて、システム開発では客の企業の経営にとって本来なら必要無い機能まで盛り込んで人月工数を膨らませる。それがご用聞きの人月商売の正体である。これもまた（ＳＩｅｒの）不都合な真実である。

DXの焦点

急がれる「理系の間接部門」の復活 ＩＴ部門がＤＸで役立たずになった理由

ユーザー企業のＣＩＯから、ＩＴ部門の再建の話を聞かされることが増えた。内容は共通している。プログラミングスキルなど部員の技術力を高め、システム開発は原則として内製に戻す。「丸投げ」とも称されるＩＴベンダーへの依存を改め、技術力を蓄積しＤＸに資する組織に変えようというわけだ。

「ＩＴ部門は企業で唯一の理系のコーポレート部門（間接部門）」。以前、大手製造業でＣＩＯを務めた人からそんな話を聞いたことがある。

元ＣＩＯが言いたかったのは、人事や財務といったコーポレート部門の中で、技術者集団で理工学部出身者が多い部署はＩＴ部門しかないということだ。製造業なら研究・開発や生産などいわゆる理系の部署はいくつかあるが、本社管理機能であるコーポレート部門で理系なのはＩＴ部門だけだ。

私は「なるほど」と思ったのだが、元ＣＩＯは話を続けた。「でもね、今やＩＴ部門は他のコーポレート部門と同じ文系の部署になってしまった」。システム開発や保守運用業務はＩＴベンダー任せとなり、ＩＴ部員はＩＴベンダーを管理するのが仕事となった。もはや技術者としての仕事は、ＩＴ部門からほとんど消えてしまったという。

元ＣＩＯのこの嘆きに共感するＩＴ部門の関係者は多いかと思う。技術者集団との強い自負を持ち、全社の業務を俯瞰できるコーポレート部門という立場を生かし、業務改革を経営に提案しシステム化につなげる――。以前のＩＴ部門はそんな存在だったし、少なくともそうあろうとした。だが今では、そんな能力や熱気は消えた。業績不振の際、企業はコーポレート部門を中心に人員削減など合理化を進めた。ＩＴ部門も例外ではなく、多くの企業でＩＴ部門のリストラが進んだ。本来なら全社的な業務改革を提起し、業務を効率化することで経営に貢献すべきであったが、そんな「王道」を歩めたＩＴ部門はほとんどないだろう。

大半のＩＴ部門は他のコーポレート部門と同様、自らの部門のコスト削減や人員削減という形でしか経営に貢献できなかった。その結果、技術力を落とし、外部委託先のＩＴベンダーの管理をもっぱらとする存在になり果てた。

文系部署ではＤＸを推進できない

「文系のコーポレート部門」になったＩＴ部門では、事業部門が何らかのデジタルサービスを立ち上げようとしたとき、技術面でもビジネス面でも支援ができない。もはや技術者集団ではなく、事業部門のようなビジネスマインドも持ち合わせていないのだから、当然と言えば当然だ。

このため一時、IT部門とは別にデジタル推進組織を事業サイドに設置するのが、企業の間で流行した。優秀な技術者を中途採用などで獲得して、デジタルサービスのPoCなどを推進するのはデジタル推進組織の役割。IT部門の役割は、従来の基幹系システムなどの管理（正確にはシステムを管理するITベンダーの管理）に限定しようというものだ。

ただ、企業が目指さなければならないのは、新たなサービスを創出することだけではなく、デジタルによる全社的な変革だ。つまりDXである。デジタルサービスにしても立ち上げに成功すれば、そのシステムの安定運用と日々の拡張が必要になり、基幹系システムとの連携も不可欠となる。全社のシステムを一元的に管理できる技術力とリソースを持ち、全社的な変革を提起できる部署が必要なのは明らかだ。

IT部門単独での再建なのか、デジタル推進組織との統合なのか、やり方は様々だろうが、DXに推進力を与えるために「理系のコーポレート部門」の再建は大きな経営課題である。

第4章

日本のＤＸを阻む ＩＴ業界の惨状

その1

「アマゾンをＩＴ産業とは認めない」仰天発言飛び出す人月商売の末路

ユーザー企業がＩＴベンダー化する——。これは私が長年言い続けてきたことだが、言い続けるのは本当に難しいと思う。言い始めたころは「木村は何を言いたいのか、全く分からない」との反応。詳しく説明すると「あり得ないだろ」と嘲笑された。で、ＤＸブームとなった今では、同じ話をすると「今ごろ、そんな当たり前の話を言っているのか」とまた嘲笑されたりする。もうヤレヤレである。

もちろん読者にとっても、「ユーザー企業のＩＴベンダー化」はもう当たり前の認識かと思うが、いまだピンと来ていない人のために、話の前振りとして少し説明しておこう。要は簡単だ。ユーザー企業がビジネスのデジタル化、いわゆるデジタルビジネスに取り組むようになれば、当たり前の話だが、その企業が提供する新たな価値はＩＴサービスとして提供される。

さらに様々な機器がデジタル化されることで、今までＩＴとの無縁だった製造業が「コンピューターメーカー」となりつつある。家電製品、カメラ、時計、自動車、建設機械などは既にIT端末。PCどころかスマートフォンがIT端末の王様だった時代もそろそろ過ぎ去りつつある。ITベンダーと化した製造業が様々なIT端末を造り、その端末向けにITベンダーと化した金融業や小売業などがITサービスを提供する。そんな時代が始まろうとしている。

ITベンダー化したユーザー企業の例として一番分かりやすいのが警備会社のセコムである。警備サービスをITで提供するのがホームセキュリティー。そのネットワークを利用して、高齢者見守りサービスなど警備以外のITサービスも提供しており、2012年にはデータセンター事業者も買収した。もう完全なITベンダーである。セコムは端末も自ら開発しているから「コンピューターメーカー」とも言える。

ちなみに、いち早くITベンダー化したのはキヤノン、リコー、富士ゼロックスといった事務機器メーカーだった。複写機の時代はITと無縁だったが、プリンターの役割も果たす複合機を製品化してからは、システム開発なども手掛けるITベンダーに化けた。これからITベンダーを目指すユーザー企業も多い。ある印刷会社は、経営者が「印刷もできるIT会社になる」と宣言している。

「ユーザー企業のITベンダー化」の最強事例

そう言えば、GAFAの一角として最強のITベンダーとなった米アマゾン・ドット・コムに対して、ある日本の大手SIerの元幹部が「私は断固としてIT産業として認めない」と言い放ったそうだ。

そんな発言が飛び出したのは2015年のことだ。まだGAFAという言葉はなかったが、当時のアマゾンは既に、押しも押されもしない最大手クラウドベンダー。既にITの新たなトレンドや技術を生み出す強力なITベンダーに成長していた。それに対して「IT産業として認めない」と言ってしまう幹部がいた日本のSIerって何なのかとあきれてしまう。では、その元幹部にとってアマゾンは何なのか。「あれは本屋でしょう」だそうだ。

こう書くと、その話を聞いた私と同様に読者も失笑するしかないと思うが、同時に、なぜ私が突然この古いエピソードを持ち出したかも、ご理解いただけるだろう。そうなのだ。2000年にそう発言したのなら、「IT産業として認めない」は失笑の対象ではない。AWS（アマゾン・ウェブ・サービス）の開始は2006年のことだからだ。

アマゾンは元々、ベンチャーの本屋から総合小売業に発展した「ユーザー企業」である。

今まで小売業との違いは、インターネットなどITを「ユーザーとして」フル活用したことだけだ。おそらく大手ＳＩｅｒの元幹部はそうした古い認識にとらわれたか、「ユーザー企業にしてやられるとは」というＩＴ産業の関係者としての無念の思いからか、そんなことを言い出したのだろう。

いずれにしろ、アマゾンこそがユーザー企業からＩＴベンダーに変貌した最強の事例である。しかも今やアマゾンは、従来の小売業だけでなく既存のＩＴベンダーにとっても、顧客や市場を奪い取る「魔王」のような存在である。ただし、もともと「ネット上の本屋さん」だったため、アマゾンにはユーザー企業とＩＴベンダーの境はそもそも無かったのかもしれない。そして最近は、多くのユーザー企業がアマゾンと同様、続々とその境を取り払いつつあるわけだ。

下請けベンダーは壊滅、ＳＩｅｒは下請け転落

日本のユーザー企業は今、ＤＸの推進を通じて自社のビジネスのデジタル化を進めている。アマゾンと比べると１０００分の１か、１万分の１ぐらいのスケール感でしかないが、ＩＴ業界に侵攻しようとしているわけだ。つまり、それこそがここで言う「ユーザー企業

のＩＴベンダー化」である。

そんなわけで、ユーザー企業のこうした動向は、ＩＴ業界にとってまさにダブルパンチである。既存の人月商売はユーザー企業のニーズ激減で縮小に向かう。大手ＳＩｅｒは元請けで、多くのユーザー企業と接点を持つので何とか生き残れる可能性がある。だが、下請けのＩＴベンダーは壊滅に近い惨状をさらすことになるだろう。

ＳＩｅｒとしては、既存の人月商売が縮小する分、デジタルの領域でビジネスを伸ばしていきたい。ユーザー企業が従来通りシステム開発を丸投げしてくれればハッピーだが、そこはＩＴベンダー化するユーザー企業の本丸である。デジタルビジネスを支えるシステムの開発は内製が基本だし、そもそもＩｏＴ（インターネット・オブ・シングズ）や人工知能（ＡＩ）、そしてクラウドなどを活用するシステムでは、ソフトウエアの開発量はそれほど多くない。

結局、従来の人月商売の枠組みでは、ＳＩｅｒはユーザー企業のデジタルビジネスの取り組みに、お手伝い程度しか関与できない。つまり、カネにならないのだ。そうこうしているうちに、ユーザー企業がＤＸに成功し、優秀な技術者を中途採用してシステム内製力も身に付けたらどうなるか。アマゾンや既にＩＴベンダー化した日本のユーザー企業の先例通り、請負の人月商売に手を出さないにしても、ＳＩｅｒの既存市場に攻め入るのは必定だろう。

そんなわけなので、ＳＩｅｒが従来の人月商売のままでいるようでは、生き残れるかどうかは怪しい。売上高を減らし技術者をリストラして細々と生き残ったらところで、ＳＩｅｒとしての地位、つまり元請けの地位を失う。なぜならば、客は既にユーザー企業ではなくＩＴベンダーと化しているので、ＳＩｅｒはＩＴベンダー化したユーザー企業から下請け仕事をもらうしか生きる道が無くなるからだ。

客がライバルとなる状況でＳＩｅｒはどうする？

実は、あるＳＩｅｒの幹部にそんな話をしたら、その幹部がニヤリと笑って「木村さん、我々だって元々はユーザー企業だったんだぜ。それに多くの案件で、我々は既に下請け仕事をやっているぞ」との返事。一瞬「えっ！」と虚を突かれたが、なるほどそういうことか。この企業も含めて多くのＳＩｅｒは、ユーザー企業がＩＴベンダー化して誕生したのは確かだ。

つまり、多くのＳＩｅｒの出自が大手ユーザー企業のＩＴ部門ということだ。ＩＴ部門が切り出されてシステム子会社になり、いわゆる外販として他社の開発案件などを請け負いながら成長し、今のＳＩｅｒになった。人月商売のＩＴ業界は、ユーザー企業（のＩＴ部門）がＩＴベンダー化したＳＩｅｒが、コンピューターメーカーやその系列のＳＩｅｒとともに、独立系の受託ソフトウエア開発会社を多重下請け構造に組織化したことで成立した業界である。

ＳＩｅｒによる下請け仕事のほうだが、これも単純な話だ。多くの人員を抱える大手ユーザー企業のＩＴ部門はほぼ例外なく、大半の人員をシステム子会社に切り出している。そして大半のシステム子会社はＳＩｅｒに成長できなかったままでも、親会社の案件では元請けとなる。ＳＩｅｒはこの「にわかＩＴベンダー」の下に入ることになる。当然、大半のシステム子会社にはＳＩ能力が無いから、親会社が支払う料金から自分たちの取り分を抜いて、下請けのＳＩｅｒに丸投げする。

「我々だって元々はユーザー企業だった」と言ったＳＩｅｒの役員も分かっていると思うが、今のユーザー企業のＩＴベンダー化は、昔のＩＴ部門のＩＴベンダー化とは全く次元が異なる話だ。昔はＩＴ部門という一部門が外に出て稼ぐようになったにすぎないが、今はユーザー企業の事業全体のデジタル化であり、ユーザー企業そのものがＩＴベンダー化しつつあるわけだ。

さて、ＳＩｅｒはユーザー企業のＩＴベンダー化、つまり客がライバルになるという状況にどう対処するつもりなのか。人月商売を維持して下請けITベンダーに転落するのは最も筋の悪い選択だ。システム子会社という、にわかITベンダーの下請けをやるのとわけが違うぞ。根性を出して自らも新たなデジタルビジネスを創り出しライバルとして戦うか、対等のパートナーとして手を組んで新たなビジネスを「共創」するか。つまり自身のDXを推進すること以外に道はない。

その2

アマゾンと同業のはずの人月商売ベンダー恥さらしから脱するすべはあるか

第2章その4で、米アマゾン・ドット・コムの有名なモットーである「Good intention doesn't work, only mechanism works!」(善意は役に立たない。仕組みだけが役に立つ)を論拠に、まともな仕組みを持たず従業員の「善意」に依拠してビジネスをする日本企業の大問題をあぶり出した。

そう喝破したアマゾンのジェフ・ベゾス氏には感謝しなければいけない。第2章その4を書くなかで、いろいろと気付きがあったからだ。私としては「DXとは何か」「DXを進めるうえでの日本企業の問題点は何か」についてよく理解しているつもりだが、この「アマゾンの正論」によってその論点がさらにクリアになった。

改めて書いておく。DXは単なるビジネスのデジタル化ではない。DXの魂は「変革」であって、決して「デジタル」ではないのだ。特に、まともなビジネスの仕組みがない日本企業は、現場の属人的な業務を廃し、デジタルを前提としたビジネスの仕組みを新たにつくっていかなければならない。アマゾンの正論は、まさにその点を明確に示している。だから日本企業はいっそのこと、「善意は役に立たない。仕組みだけが役に立つ」をDXのスローガンにしたほうがよいぐらいだ。

特にSIerら人月商売のITベンダーはこの言葉をかみしめて、自らのDXを推進すべきだな。DXブームに乗っかって「お客さまのDXを支援する」などと言いながら、自らは相も変わらず前近代的な労働集約型のビジネスにうつつを抜かしているが、そろそろいいかげんにしたほうがよい。というわけで、ここではアマゾンの正論から人月商売のITベンダーの大問題を改めて斬ってみよう。そう言えば、日本の人月商売ベンダーとアマゾンは同じ「IT業界」だったな。なぜこんなに違うのかも含め、改めて考えてみる。

「アマゾンの正論」と対極にある人月商売ベンダー

第2章その4に詳しく書いたが、日本企業はビジネスの仕組みをおろそかにして、従業員の「善意」に頼る。その善意とは何かと言えば、顧客へのおもてなしの心であったり、現場での自主的な創意工夫だったりする。そして日本企業の経営者はそれを「現場力」と言い「我が社の強みは現場力」などと妄想している。だから日本企業は「善意は役に立たない。仕組みだけが役に立つ」というアマゾンの正論、いや、世界の企業の常識とは対極に位置する発想でビジネスを運営している。

では、そういう日本企業の中でも、最も世界の企業の常識とかけ離れているのはどこか。私がすぐに思い浮かぶのは2つだ。1つは言うまでもなく、人月商売のITベンダー。そしてもう1つがいわゆるブラック企業だ。まず分かりやすいブラック企業のほうから説明する。

ブラック企業にはいろいろなバリエーションがあるが、業務の遂行に必要な機能やプロセス、ルールなどの仕組みがまともでないところがほとんどだ。特に長時間労働やパワハラなどを防ぐ統制の仕組みはもちろん皆無。その一方で、彼らのWebサイトは「やる気」「感謝」「情熱」といった従業員の「善意」をアピールする文字にあふれている。実際に従業員は上司などから「お客さまの笑顔のために、全力を尽くして頑張ろう」などと言われ、ただ働きの残業にいそしんでいたりする。

要するに、ブラック企業はビジネスの仕組み、もうける仕組みが欠落している分、従業員の「善意」の発露である異常な頑張りによって収益を上げようとするわけだ。もちろん、ここで言う「善意」は本来の意味での善意ではない。しかし、従業員が「それでもいい」「仕方がない」と思い、きつい仕事を続けているのなら、「強制された善意」あるいは「洗脳による善意」と捉えてよいだろう。

さて、人月商売のITベンダーもブラック企業と同様、まともなビジネスの仕組みがなく、従業員である技術者の「善意」に依拠して、ビジネスつまり人月商売を展開している。特に3次請け以下のITベンダーはその傾向が強い。文系学部の出身者や、昨日まで青果店で働いていた人さえも「技術者」に仕立て上げ、人月単価いくらで客先に放り込む。「人売り」と呼ばれるゆえんだ。

で、客先に放り込んだら、もう知ったことではない。派遣契約でもないのに自社の技術者の労務管理を事実上放棄する。技術者は客先のシステム開発プロジェクトが火を噴けば、当然のように長時間労働を強いられる。しかも、人売りの下請けITベンダーは労務管理を放棄しているにもかかわらず、主にコスト面から長時間残業を許さない。で、技術者は客先や所属する下請けITベンダーの意向を忖度《そんたく》し、残業時間を短く申告しなければならないといった、ひどい話が至る所に転がっている。

ここまで読んできた読者の中には「人月商売のITベンダーとブラック企業を分けて説明する必要はないじゃんか。特に下請けベンダーなんて皆、ブラック企業だよ」と言う人がいるかもしれない。ただ、さすがにそれは真の暴論だ。ブラック企業と断定できるITベンダーは、最近では少なくなりつつある。それでも、ビジネスの仕組みが皆無であっても人売りビジネスができるＩＴ業界には、ブラック企業が紛れ込む余地は依然として大きい。

製造業から仕組みなき人月商売に落ちぶれたＳＩｅｒ

人月商売の元締めであるＳＩｅｒは、さすがに下請けのＩＴベンダーほどひどくはない。だが、まともなビジネスの仕組みがなく、従業員である技術者の「善意」に依拠して人月商売に励んでいるという点においては、下請けのＩＴベンダーと何も変わらない。やはり、「善意は役に立たない。仕組みだけが役に立つ」という世界の企業の常識からかけ離れた存在であることに変わりはない。

考えてみれば奇妙な話だ。基幹系をはじめとするシステムは、まともな仕組みがあってこそ本来の能力を発揮するとはいえ、システム自体が企業の仕組みの一部あるいは大半を自動化する「仕組み」でもある。その仕組みであるシステムを設計しているＳＩｅｒが、まともなビジネスの仕組みを持っていないというのは、人月商売のＩＴ業界の実態をよく知らない人には、とても理解できないことであろう。

世界を見ればＩＴ業界の歴史は、個々のＩＴベンダーが競ってビジネスの仕組みを発展させてきた歴史だ。最初、コンピューターの製造販売という製造業からスタートしたが、やがてソフトウエアをパッケージ製品にすることで、製造原価を限りなくゼロにしてぼろもうけする仕組みを編み出した。そして最近ではクラウドという仕組みを生み出し、さらに安定的にぼろもうけできるように進化した。その頂点に立つのがGAFAなどのプラットフォーマーだ。

日本でも、最近登場して急成長しているITベンチャーは、クラウドやスマートフォンアプリで完結するサービスなどを提供し、「善意は役に立たない。仕組みだけが役に立つ」という、世界の企業の常識に合致したビジネスを展開している。少し前には、仕組みなきブラック企業が紛れ込むこともあったが、最近はまずそんなことはない。急成長しているITベンチャーにとって必要なのは、従業員の善意ではなくサービスを提供する仕組みである。

一方、SIerは相も変わらず、仕組みなき人月商売を主力ビジネスにしている。そろそろSIerの関係者から「我々にだって仕組みはあるぞ。例えば開発フレームワークや開発プロジェクト支援するPMO（プロジェクト・マネジメント・オフィス）などは立派な仕組みだろ」と文句が出るかもしれない。だが、それは「枝葉の仕組み」にすぎない。客からご用を聞いて、それに合わせて技術者をかき集め、人海戦術で作業する人月商売は、やはり仕組みなき労働集約型の商売と言うしかない。

それにしても嘆かわしいのは、日本のＩＴ業界も当初、コンピューターなどをつくる製造業としてそれなりの仕組みがあったにもかかわらず、いつの間にか仕組みなき人月商売に落ちぶれてしまったことだ。落ちぶれる前には、ソフトウエア開発にも製造業の仕組みを適用しようとする致命的なミスも犯した。「ソフトウエア工場」などと称した取り組みは、単に設計や監督する人とプログラムを書く人を分離させただけで終わり、その後、ＩＴ業界の多重下請け構造を異常に発達させる礎となってしまった。

人月商売のＩＴ業界が唯一つくり上げた強固なビジネスの仕組みは、この多重下請け構造だな。この業界の仕組みによって、ＳＩｅｒは好況なら大勢の技術者を「調達」し、不況になれば簡単に見捨てるという、お気楽な人月商売稼業を続けられるようになった。下請けのＩＴベンダーも技術者の頭数をそろえさえすれば、容易に収益を上げられる仕組みだ。結局のところ、この多重下請け構造という仕組みの存在ゆえに、個々のＩＴベンダーは自らビジネスの仕組みをつくる必要がなかったわけだ。

「お客さまに寄り添え」と言ってるようでは駄目だ

ＳＩｅｒが「従業員である技術者の『善意』に依拠して商売している」点については、

まだ書いていなかったな。でも、読者の多くにとっては、すぐに想像がつく話であろう。例えば、私が最も嫌うところのフレーズである「お客さまに寄り添う」を思い出してみればよい。ＳＩｅｒの幹部らはこの気色悪いフレーズが大好きで、現場の技術者に向かって「お客さまに寄り添って、お客さまのお悩み事を聞き、お客さまの役に立て」と連呼する。つまり、技術者たちに善意の発動を常に求めているのだ。

ただ、経営幹部らが気色悪いフレーズを連呼しなくても、現場はＳＩｅｒの技術者の善意で満ちている。システム開発案件なら、客のご用を懸命に聞いて要件を膨らませる。なぜなら、要件を膨らませて工数も膨らませれば、人月商売の売り上げアップにつながるからだ。基幹系システムの刷新案件では、客の利用部門などのくだらない要望を聞き入れれば、システム刷新に合わせて客が目指していた業務改革は雲散霧消するが、それがお客さまの要望なのだから仕方がない。ただ客に寄り添って要望を聞いていれば、それでいいのである。

システム開発だけでなく保守運用の受託でも基本は同じだ。不況などで予算を削られた客のＩＴ部門から「今回だけだから、料金を10％減らしてくれ」と頼まれると、それに応じる。「今回だけだから」という約束は守られることは少なく、毎年のように料金の引き下げを求められ、なぜかそれに応じてしまう。これは営業担当者の責任かもしれないが、客先常駐の技術者も人数を減らされて負荷がどんどん増大しても、善意をもって創意工夫（あるいは属人化）することで耐え忍ぶ。もはや「マゾ」というしかない。

皮肉っぽく書き過ぎたかもしれないが、そろそろこんな仕組みなきビジネスは終わりにしないといけない。たまに「大きなお世話だ」と言うＳＩｅｒの幹部がいるから、はっきり言っておくが、大きなお世話ではない。人月商売のＩＴ業界は日本の恥さらしであり、デジタル革命の時代に大勢の技術者をそんな業界が抱え込んでいるのは、日本にとって大きな損失だ。この業界が今のままでは、日本企業や日本全体のＤＸの助けとなるどころか足かせとなり、日本っは本当に「後進国」に転落してしまう。

そんなわけなので、ＳＩｅｒら人月商売のＩＴベンダーは滅び去るか、それが嫌なら自らＤＸを推進して世界水準のＩＴベンダーに変わってもらわなければ日本が困る。もう一度、ＳＩｅｒらと同業であるはずのアマゾンの正論「善意は役に立たない。仕組みだけが役に立つ」を思い出すべし。曲がりなりにもＩＴベンダーなのだから、クラウドなどを活用してまともなビジネスの仕組みをつくらなければならない。経営者が「お客さまに寄り添え」とか「現場の頑張りが我が社の財産」などと言っているようでは駄目である。

DXの焦点

あの「ゲイツのテーゼ」から四半世紀 返り咲いたマイクロソフトに見るDXの教訓

新型コロナウイルス禍の中、米マイクロソフトの業績が絶好調を続けている。テレワークが急増し、ビジネスチャット・ビデオ会議サービスのTeamsを含むMicrosoft 365やAzureなどのクラウド利用が大きく伸びたからだ。サティア・ナデラCEOが進めてきた「Windowsやパッケージソフトの会社からクラウドの会社への変革」が奏功し、マイクロソフトは新型コロナ禍という未曽有の危機すらも成長の糧にできる企業となったわけだ。

一時は米アップルに約2倍の差をつけられていた株式の時価総額も、最近ではアップルのほか米アマゾン・ドット・コムや米アルファベット（グーグル）、米フェイスブックと並ぶ。GAFAに匹敵するプラットフォーマーとしての確固たる地位と評価を得たわけで、今やマイクロソフトはデジタル覇権を握る「GAFAM」の一角だ。

GAFAMという言葉は以前からあるが、GAFAと違ってあまり使われてはいない。おそらくマイクロソフトは「既存企業」であり、「革新的な技術で新たな市場を生み出すような企業ではない」とのイメージがあるからだろう。言い方を替えると、クラウド移行というDXに成功し、GAFAと肩を並べる存在になった唯一の既存企業がマイクロソフトであるわけだ。

ナデラ氏の功績は間違いないが

では、マイクロソフトの変革の試みはいつから始まったのか。もちろん2014年にCEOに就任したナデラ氏が変革を成功に導いたのは間違いない。しかし、変革の試みはビル・ゲイツ氏がCEOだった1995年に遡る。今から四半世紀前のことだ。

当時はインターネットが爆発的に普及し始めた頃だ。Windowsや業務用パッケージソフトなどでIT業界の覇権を握っていたマイクロソフトは、この「ネットの波」に乗り遅れた。だがネットの重要性に気づいたゲイツ氏が事業戦略を大転換し、全ての製品・サービスをネットに対応させた。そうした大転換の最中にゲイツ氏は1冊の著書を著す。1995年11月に出版された『The Road Ahead』(邦訳『ビル・ゲイツ、未来を語る』)である。

この著書の中でゲイツ氏は次のような危機感を表明した。「コンピューター技術の進展の中で、ある時期の業界リーダーは次の時期のリーダーになれない」。ゲイツ氏はこうしたテーゼ（命題）をあえて立て、変革の成功により自らそれを否定して見せたかったのだろうが、それはかなわなかった。

2000年にCEOを引き継いだスティーブ・バルマー氏も、アマゾンやグーグルなどのクラウドサービスの台頭を許し、後手を引く。Azureで巻き返しに出たが、十分な成果を上げられなかった。バルマー氏は「いずれ全てがクラウドに移行する。私はそう信じている」とまで言い切ったが、クラウド中心のビジネスモデルに移行し切れなかったのだ。

そして「ゲイツのテーゼ」から四半世紀、ようやくマイクロソフトはバルマー氏の後を継いだナデラ氏の下で、そのテーゼの否定に成功した。以前のような独占的なリーダーではないが、GAFAMの一角としてリーダーに返り咲いたのだ。

マイクロソフトの歴史はDXに取り組む日本の既存企業にとって示唆に富む。迅速な変化が求められると言っても、企業の変革は持久戦でもある。経営者が何代にもわたり継続的に取り組む必要がある。アフターコロナの時代にはぜひその教訓を生かしたい。

その3

「コンサルなんて無理」とびびるSIerの社長はレッドカード、即刻退場せよ

不思議なことだ。実に不思議なことだ。最近、どのSIerの経営者も「DXに取り組む顧客のパートナーになる」とか「顧客のDXを支援するパートナー企業を目指す」などと力説する。だけどDXのパートナーになるために必要な施策には全く取り組もうしない。「何でやらないの」と聞くと、「うちにはとてもとても……」と訳の分からない話をする。

「パートナー」とはSIerの経営者が大好きな言葉の1つだ。パートナーという言葉は本来、「事業パートナー」といった具合に、新市場の開拓などに向かって対等の立場で協力し合う関係を指すはずだが、SIerの場合はどうもそうではない。例の「お客さまに寄り添う」という気色悪い言葉を、少しはましな言葉に置き換えただけのようだ。

だが、たとえ「DXに取り組むお客さまに寄り添う」ぐらいの意味であったとしても、従来の人月商売の延長線上では不可能だ。少なくとも会社として次の3つの能力・機能が必要になる。DXを巡って経営者や事業部門の相談相手となり得るコンサルティング能

力、デジタルサービスの開発を支援できるアーキテクトやプログラマーの存在、そしてサービスを実装するインフラやプラットフォームの提供である。

これら3つの能力・機能は、DXの時代、デジタル変革の時代にITベンダーが身に付けていなければならない、いわば「三種の神器」だ。だから私はくどいほど、その必要性を説いている。さらにSIerの経営者に会うたびにその話をする。おそらく内心では「またその話か」と苦笑いしているだろうけど、誰からも「言っていることは全くその通り」と同意する言葉が返ってくる。

では、3つの能力・機能の中で何が最も重要なのかと言うと、「DXに取り組む顧客のパートナー」を目指すSIerとしては、コンサルティング能力に決まっている。なぜならDXはデジタル技術を使った事業構造の変革である。顧客企業にとって全社的な変革なのだから、客は経営者をはじめとする経営層でしかない。

だからコンサルティング能力が無かったら話にならない。何せSIerは「お客さま（つまり顧客企業の経営層）のパートナーになる」と宣言しているのである。客である経営層に会って、客のDX戦略の立案や実行を支援する。たとえ今はコンサルティング能力が無かったとしても、SIerの経営目標がDXのパートナーであるなら、それに向かって努力するのが当たり前である。

ようやく富士通がそのあたりに気づいてDXコンサルティング会社を設立したし、野村総合研究所のように以前からコンサルタントを抱えるSIerもある。だが、他のSIerでは、経営者に「コンサルティング能力を何で持たないの」と聞いても「うちにはとても無理」といった反応しか返ってこない。だったら自動的に「DXに取り組む顧客のパートナーを目指す」との方針はうそということになるぞ。その矛盾に気付いていないのは、全くもって不思議である。

「DXに取り組む顧客のパートナーを目指す」という経営方針がある。しかも、「このままご用聞きの人月商売を続けていたら、デジタル革命の時代にSIerは厳しい状態になる」と危機感もある。さらにDXのパートナーになるためには、コンサルティング能力を身に付ける必要があるとも分かっている。なのに「コンサルティング能力を持つのは、うちには無理」など意味不明の言い訳をして踏み出そうとしない。

なぜ意味不明なのかと言うと、「うちには無理」なら外部から調達すればよいだけだからだ。つまりコンサルティング会社を買収するなり、有能な幹部クラスのコンサルタントをヘッドハンティングして、その人材を核にしてコンサルティング組織を立ち上げればよい。そのように自社をトランスフォーメーション、変革するのが経営と違うのか。だって生き残るために必要なんでしょ。やるしかないではないか。

なのに「うちはとてもとても……」などと言う。要するにSIerの経営者は、必要だが難しい経営課題から逃げているのだ。何せSIerの経営者はこれまでの長いサラリーマン人生の中で、コンサルティングをやったこともなければ、コンサルタントの仕事に触れたこともない。コンサルティング能力を持てと言われても、経営として何をどうしてよいのか皆目見当もつかないはずだ。

しかも、コンサルティング能力を持つはずの数少ないSIerからは、これまで芳しくない話が聞こえてきたりしていた。例えばコンサルティング組織を作ったが結局はうまくいかなかったとか、コンサルティング会社を買収したがシナジー効果が全く出なかったとかいった類いの話である。だから多くのSIerの経営者は「ご用聞き商売の我々には、コンサルティング商売は絶対に無理」と思い込んでいても不思議ではない。

一方、3つの能力・機能うち残りの2つについては、どのSIerは比較的に真面目に取り組んでいるようだ。例えばデジタルサービスの開発を支援できるアーキテクトやプログラマーの育成については、まるで悔い改めたかのようだ。以前はプログラムを満足に書いたこともない若手をSEやプロジェクトマネジャーに仕立て上げていたが、最近ではアジャイル開発のニーズなどに対応するため、実際に手を動かせる技術者の育成に力を入れるようになっている。

デジタルサービスを実装するインフラやプラットフォームの提供も同様だ。ＡＷＳ（アマゾン・ウェブ・サービス）のような汎用のクラウドサービスは無理にしても、小売りなど特定の業種に絞り込んだクラウドや、ＡＩやＩｏＴの基盤の提供には、ＳＩｅｒ各社とも熱心に取り組んでいる。

何でコンサルティング能力とはこんなに取り組み方が違うのかと言うと、話は簡単だ。ＳＩｅｒの経営者にとってこの2つは、勝手知ったる世界だからだ。ＳＩｅｒの技術者がプログラムを書かなくなったと言っても、経営者が若い頃は誰もがプログラムを書いていた。ＥＤＩ（電子データ交換）やＡＳＰ（アプリケーション・サービス・プロバイダー）などプラットフォーム型の商売に取り組んだ経験もある。やったことも見たこともないコンサルティング商売とは訳が違うのだ。

ＰｏＣ案件を拾うだけでは先につながらない

「ＤＸに取り組む顧客のパートナーを目指す」と言っておきながら、顧客にとって最も重要なコンサルティング能力の獲得・育成に乗り出そうとせず、プログラマーの育成やプラットフォームの提供といった勝手知ったる領域の強化だけでお茶を濁す。いかにもイノベーティブじゃないＳＩｅｒの経営らしいと言ってしまえばそれまでだが、残念ながらこうした中途半端さでは良い結果をもたらさない。

実は、「ＤＸ案件の客は経営層」と言ってみても、ユーザー企業のＩＴ部門や事業部門の現場を訪問していると、デジタルサービスに関わるシステム構築の案件を拾えたりする。ＩＴ部門のご用聞きを長く務めたＳＩｅｒにとって事業部門に営業をかけるのはそれなりにハードルが高いが、やってできないことではない。

何せ今や、ユーザー企業の事業部門などの現場では、ＡＩやＩｏＴを活用したデジタルサービスのＰｏＣ（概念実証）が花盛りだ。中には明確なＤＸ戦略に基づくデジタルサービスの試みもあるが、それは少数派。デジタルブーム、ＤＸブームにあおられた経営者に「ＡＩを使って何かやれ」と命じられ、何をやっていいのか分からぬままＰｏＣに取り組むといった、およそＤＸとは無縁のような案件がごろごろ転がっている。

だから、客のＩＴ部門の紹介を受けて事業部門を訪問していると、そんな案件にぶち当たる。先方のＰｏＣの担当者はわらにもすがる思いで「何か良いアイデアはないか」と聞いてくるだろうから、ＳＩｅｒからすれば「お客さまのＤＸの取り組みを支援している」と錯覚できる。

おそらく技術者の人月単価も２００万円あるいは３００万円と、従来のシステム開発に比べると大幅にアップしてもらえるだろう。ＳＩｅｒが用意した「ＡＩなんとか基盤」といったプラットフォームを活用してもらえたりする。だがＰｏＣの大半は本格的なデジタルサービスにつながらずに終わる。何せ思いつきのようなＰｏＣだから当然の帰結だ。結果として、ＳＩｅｒの「ＤＸ関連ビジネス」は散発的でスケールしないまま終了となる。

その陰で、ＳＩｅｒにとっては恐るべき事態が進行する。「ＡＩを使って何かやれ」といういいかげんな経営者が多いとはいえ、デジタル技術を使った事業構造の変革が必要だと真剣に考える経営者も増えてきている。経済産業省の「ＤＸレポート」でも指摘している通り、本格的な事業構造の変革には基幹系システムの刷新が不可欠だ。当然、コンサルタントはその点を指摘し、経営者もなるほどとうなずく。さて、どうなるか。

これは「デジタルで鯛（基幹系システム）を釣る」と私が呼んでいる手法であり、コンサルティング能力を持つ外資系ＩＴベンダーの究極の戦法だ。ＤＸでコンサルティングに入って基幹系システム刷新の必要性を説き、その案件をものにするわけだ。哀れＳＩｅｒは長年にわたり保守運用を手掛けてきた重要顧客の基幹系システムを根こそぎ奪われる羽目になる。

無理と言うなら、隠居暮らしを楽しんだほうがよい

そんなわけなので、ご用聞きとしてサラリーマン人生を長く送ってきたＳＩｅｒの経営者が「うちには無理」と逃げたくなるのは分からんでもないが、何が何でもコンサルティング能力を持たない限り、ＳＩｅｒはこれからの時代に生き残れないぞ。

それに向けて１つ忠告しておくと、ＳＩｅｒの経営者はコンサルティングを大ごとに考えすぎてはいないか。コンサルティング能力を持てといっても、世界的に有名なコンサルティング会社のような戦略コンサルティングをやれと言っているわけではない。ＤＸのコンサルティングなのだから、デジタル技術（＝ＩＴ）をどう活用するかの観点から、事業構造を変革したいと考える客の経営者にアドバイスできればよい。

そもそもＤＸの重要性を認識している経営者なら、何をなすべきかは自分自身で真剣に考えている。後はＩＴの専門家から意見を聞きたいだけだ。本来ならこれはＩＴ部門の役割だが、今やＩＴ部門が劣化してしまっているので、その任に堪えない。だからこそ経営者は外部の意見を聞きたがっている。ＳＩｅｒもＩＴ部門の本来の役割ぐらいなら担えるはずだ。

相手が「ＡＩを使って何かやる」ことがＤＸだと思っているようなレベルの低い経営

者なら、それこそ遠慮する必要はないではないか。経営者がそんな認識では、その企業は近い将来にデジタルディスラプション（デジタルによる破壊）の餌食になる恐れがある。それこそ「ＤＸに取り組む顧客のパートナー」として間違いを指摘してあげないといけない。「うちには無理」などと何をビビっているのかと思う。

少し前の話だが、あるＳＩｅｒの元気のよい若手技術者が自ら企画したデジタル案件の提案を持って、そこそこの大手企業に飛び込み営業をかけたら、経営者が関心を持って話を聞いてくれたそうである。もちろんこれ自体はコンサルティングの話ではないが、まさに「ＤＸに取り組む顧客のパートナー」として振る舞いそのものではないか。しかも、そんな若手技術者ならきっと優秀なコンサルタントにもなれるだろう。

さて、ここまで言っても「やはりうちにはコンサルティングは無理」と思うなら、誠に申し訳ないが、ＳＩｅｒの経営者を即刻退任して隠居暮らしを楽しんだほうがよいぞ。そもそも自社のビジネスの在り方を抜本的に変えようとしない者が、ひと様の変革を支援しようなどというのはおこがましい限りではないか。

その4
聞いているだけで眠くなる！ SIerのDX戦略がろくでもないワケ

「日本企業は根回し文化に漬かっているため、結論を出すのに恐ろしく時間がかかる。だから変化が激しいデジタルの時代に対応できない」。これはよく語られる話だが、実はその先があるのを最近になって知った。次のように続く。「しかも時間をかけて出した結論がろくでもない」。

いやぁ「なるほど」と感心するとともに、ひどく心配になった。ボトムアップなのかコンセンサス重視なのかは知らないが、そんな意思決定プロセスを一刻も早く悔い改めないと、デジタルの時代に日本企業は絶滅危惧種になってしまう。特に我らがSIerは深刻だ。SIer各社が経営戦略として言い出した「DX企業になる」というのが、まさに「根回し文化のため結論を出すのに恐ろしく時間がかかる。しかも出した結論がろくでもない」の典型なのだ。

ここでは、このテーマを論じようと思う。「このまま人月商売、ご用聞き商売を続けていては駄目だ」と考え行動しているＳＩｅｒの改革派の幹部らに警告を発したい。

日経クロステックの私のコラム「極言暴論」の記事を読んだ人からＴｗｉｔｔｅｒなどで怒りのコメントが寄せられることがある。かくのごとく極端な言い方（極言）で乱暴な議論（暴論）を仕掛けるのだから、当たり前と言えば当たり前だ。中でも多いのが「ＳＩｅｒをディスって何が楽しいのか」「木村はＳＩｅｒに恨みでもあるのか」といったコメント。しかしそれは違う。

別にＳＩｅｒをディスったところで面白くも何ともないし、ＳＩｅｒを恨みに抱いたこともない。ただただＳＩｅｒに人月商売やご用聞き商売から脱却してもらいたい一心である。もちろん新たなＩＴ企業が成長してＳＩｅｒを一掃してくれるなら、それでも一向に構わない。とにかくＳＩｅｒが多重下請け構造の元締として君臨する限り、日本のＩＴ業界はろくでもない状態が続く。それは技術者にとって不幸なだけでなく、日本全体にとっても不幸だ。

ＳＩｅｒの駄目さ加減や悪行の数々を指摘し続けるのは、ＳＩｅｒの改革派の人たちを支援したいからだ。もちろんそんな話を書いたところで、ＳＩｅｒの守旧派の面々が悔い改めるわけではない。だが爆弾のように落とし続ければ、守旧派と戦い、あるいは彼らを説得し、より良き企業に変革しようとしている改革派の人たちの支援にはなるはずだ。

実際、どれほど私の記事が効いたのかは分からないが、最近では変革に取り組むと宣言するSIerが増えてきた。例えば「お客さまのDXを支援するだけでなく、自社もDXに取り組む」といった具合。「いやぁよかった」と言いたいところだが、残念ながら冒頭に書いたように大方のSIerの「時間をかけて出した結論がろくでもない」のである。

眠気をこらえて聞いても意味不明のDX戦略

SIerが「お客さまのDXを支援するだけでなく、自社もDXに取り組む」、あるいは「DX企業になる」と宣言すること自体はよい。既存のビジネスに対するデジタルディスラプションの影響が明確になり、あらゆる産業や企業でDXの必要性が叫ばれ始めたのは随分前だから、はっきり言って遅きに失した感はある。だが、この期に及んでも人月商売を漫然と続けているよりは、はるかにましである。

問題はその中身だ。SIer各社とも中身は盛りだくさん過ぎるのに、見事なくらい似たような項目が並ぶ。例えば「お客さまの事業部門などと一緒にデジタルサービスを立ち上げるためにPoCに取り組む」は、全てのSIerが力説するところだ。しかも「PoCの先にどんなビジネスの可能性を描いているのか」とか「そのPoCがどのように自社のＤＸにつながるのか」と聞くと、たちまち説明がモゴモゴと訳が分からなくなるのも皆同じだ。

デザイン思考の実践のためなのかどうかは分からないが「リラックスしてアイデアを議論できるオシャレなスペース」を設けるのも同じなら、米国のシリコンバレーにオフィスを設けて現地のスタートアップと協業できたらいいなと考えるのも同じ。今や「デジタルの象徴」となったＡＩやＩｏＴ関連のソリューションなるものを発表するのも同じだ。

だからＳＩｅｒの「ＤＸ戦略発表会」などと銘打った記者会見に出席すると、話の内容はどこも似たようなもの。しかも各社とも「あれもやります」「これにも取り組みます」「こんな事例もあります」のオンパレードで、胃もたれどころではない。プレゼンテーションに盛り込む情報も粒度が小さく量が多過ぎる。ひどいケースでは、スライド１枚に極小フォントであふれんばかりの文字を詰め込むから、理解するどころか読むことすらできない。

お笑い草なのは、ＤＸ戦略の発表なのに既存のＳＩ（システムインテグレーション）やシステムの保守運用ビジネスについても言及し、「これから一層の強化を図る」などと社長が宣言してしまったりする。そんな訳なので、襲ってくる眠気と必死に戦いながら耳をそばだてても、このＳＩｅｒは何を伝えたいのかさえ分からないという悲惨な状況になる。

要は「ＤＸに取り組む」あるいは「ＤＸ企業になる」の中身が総花的なのだ。だから各社とも似たような内容の羅列になるし、肝心の何を目指すのかがさっぱり見えてこない。例えばプラットフォーマーやDXのコンサルティング会社を目指すと言い切れば、皆が「なるほど」と思う。どうしても人月商売も続けたいというのなら「SIもできるプラットフォーマー」などと言えばよい。しかし、そうした明確なゴールを示さないから訳が分からないのだ。

これでは外部の人間だけでなく、SIerの中の人も何が何だか分からないだろう。たとえ社長をはじめ経営幹部の多くを改革派が占めていたとしても、SIこそが経営の屋台骨と信じて疑わない守旧派は「これからも人月商売が事業の中心」と思うだろう。一方、デジタル関連の新規ビジネスの創出を目指す部隊の技術者たちは「自分たちの目指す方向は正しいのだろうか」と不安に襲われるのは間違いない。

「CEO専権事項」なのに根回しが不可欠

どうしてこうなってしまうのか。理由は簡単。日本企業だからだ。冒頭で書いた「日本企業は根回し文化に漬かっているため、結論を出すのに恐ろしく時間がかかる。しかも時間をかけて出した結論がろくでもない」がそのまま当てはまる。しかも、SIerの経営陣が「お客さまに寄り添う」という気色悪いスローガンを長く掲げてきたため、ご用聞き根性に磨きがかかってしまっている。その結果、他の日本企業以上に結論を出すのに時間がかかるし、その結論は一段とろくでもないものになってしまうのだ。

そもそも「自社のDXに取り組む」とは、自社のビジネス構造、ビジネスモデルをデジタル時代に対応できるように変革することだから、まさに経営戦略そのものである。特にSIerの場合、人月商売の賞味期限はまもなく切れるから、今どんなにSIでもうかっていようとDXを急がなければならない。その意味では、PoCを乱発してデジタルごっこに興じていればよい「お客さま」より事態は切迫しているのだ。

本来ならDX戦略はCEOに相当する社長もしくは会長自身、あるいはその直属のスタッフが立案し、トップダウンで遂行されなければならない。戦略とはそういうものだし、日常の業務を統括するCOO相当の役員が他にいるはずだから、CEO相当の社長あるいは会長はDXなどの戦略立案・遂行が本来の任務のはずだ。だから本来ならDX戦略などと銘打った以上、先ほど紹介したSIerの発表会のように訳の分からないことにならないはずなのだ。

ところが、である。日本企業の典型であるSIerの社内では、ビジネス構造やビジネスモデルの変革という「CEO専権事項」の戦略でさえ綿密な根回しが必要になるのだ。

経営企画部あたりが立案の中心となったとしても、各事業部門との調整が必要になる。起草者が「デジタルプラットフォーマーを目指す」との記述を入れたりすると、SI部隊からは「お客さま（＝IT部門）はそんなことを求めていない。それにSIの価値をおとしめるような表現はけしからん」などとクレームがつく。

かくして無駄な調整、根回しに恐ろしく時間がかかる。たとえCEO相当の社長などに改革派が座っていようと、ボトムアップや集団合議を是とする日本企業の組織文化にはなかなか逆らえない。下手にトップダウンで強引に進めようとすると、社長といえども社内クーデターにより失脚の憂き目を見る恐れもある。かくして「ああでもない」「こうでもない」ともめにもめて、貴重な時間を果てしなく浪費する羽目になる。

しかも、そのDX戦略の内容はどんどん「ろくでもない」ものに向かって落ちていく。「デジタルプラットフォーマーを目指す」といった方向性を明確に示す言葉は削り取られ、「SIやシステムの保守運用ビジネスも強化する」といったDXとは全く相いれないはずの文言が戦略に盛り込まれることになる。かくして出来上がった「我が社のDX戦略」は外部の人間にはもちろん、中の人にも全く意味不明のものとなる。

そういえば「お客さまのDXを支援するだけでなく、自社もDXに取り組む」とするSIerの人からこんな話を聞いた。経済産業省の「DXレポート」、いわゆる「2025

年の崖」では「企業がＤＸを推進するためには老朽化した基幹系システムの刷新が必要」とある。全くその通りなのだが、そのＳＩｅｒの守旧派はこの文言を逆手に取って「ＤＸを推進するお客さまはＳＩを求めている。ＤＸ時代（意味不明）にもＳＩが中核ビジネスだ」と強く主張しているそうだ。うーん、やれやれである。

根回し、ご用聞きの文化も「ＤＸしてしまえ」

さて、どうすればよいのか。いささか絶望的な気分になるが、諦めるのはまだ早い。そもそもＤＸは全社的な変革だ。「デジタル」という言葉に気を取られて見落としがちだが、全社的な変革である以上、ボトムアップ、集団合議、そして「空気を読め」といった言葉に代表される日本企業の組織文化も、ＤＸにより変革すべき対象のはずである。

しかも考えてみれば、いちいち米国企業を引き合いに出さなくても、日本でも激動の時代にはリーダーがトップダウンで組織を率い、変革へと導いた。そして今のデジタル化はかつての工業化に匹敵する大きなうねりである点は、もはや誰も疑わない。つまり今はとんでもない激動の時代だから、個々の企業が生き残るためにはＤＸが不可欠なのだ。そんな認識と危機感を皆で共有すれば、根回しなどといったしょうもない組織文化を変えられる可能性はあると思うぞ。

ただしＳＩｅｒの場合にはもう１つ厄介な組織文化がある。「おっしゃっていただければ何でもやります」というご用聞き文化だ。むしろ根回し文化なんかより、こちらのほうがはるかに厄介かもしれない。何せ「お客さまがそれ（＝ご用聞き）を求めていらっしゃる」が錦の御旗となり、ＤＸに対するあらゆる抵抗が正当化されてしまうからだ。この組織文化もＤＸの一環として撲滅していくしかあるまい。

そんな訳なので、ＳＩｅｒの中でようやく台頭してきた改革派の経営幹部は、ろくでもないＤＸ戦略の発表で満足していないで、ぜひとも人月商売からの脱却に向けて本気で頑張ってもらいたいと心から思う。もちろん改革派といってもご用聞き文化の中で出世してきた人たちだから、人月商売からの脱却はとてつもなく難易度が高いはずだ。ただ、ご本人たちが十分に認識している通り、今変われなければＳＩｅｒは確実に滅びる。

さて、これからも多くのＳＩｅｒが「我が社のＤＸ戦略」をアップデートしたり、中期経営計画で発表したりするだろう。その際に、これまでのように極小フォントであふれんばかりの文字を詰め込んだプレゼン資料を見せられ、何をやりたいのかさっぱり分からない話を聞かされたら、さすがにもうそのＳＩｅｒには先が無いと断じるだろうな。そんな問題意識で記者会見などに参加させてもらうので、そのつもりで。

その5

人月商売は麻薬と同じ、行政のＤＸでご用聞きＳＩがさらに繁栄する悪夢のシナリオ

顔を真っ赤にして書くが、私は２０１５年３月に書いた記事の中で、ＳＩｅｒの未来について次のように予想した。

「どうも私はＩＴ業界の人たちから、オオカミ少年だと思われているらしい。随分前からＳＩビジネスの終焉《しゅうえん》を騒ぎ立てていたが、ＳＩビジネスは幾多の不況期を乗り越え、しぶとく生き残ってきた。だから私がオオカミ少年だと言われるのは、まあ仕方が無い。だが、あえてまた言う。『今度は本当にオオカミがやって来る』。ＳＩｅｒの余命はあと５年である」――。現状を考えると、やはり私はオオカミ少年ならぬ「オオカミおやじ」である。

予測が大外れになった原因は、私があまりに楽観的すぎたからである。「ＳＩガラパゴス」というほど、日本で人月商売が世界に類を見ない形で栄えてきたのは、システムの内製力がないのに独自システムをつくりたがる客が存在するからである。しかも、基幹系と

いう付加価値のないシステムに大金を使い、利用部門のどうでもよい要求を反映し、システムの要件と実装を肥大化させてきたからだ。ユーザー企業の誤ったＩＴ活用を助ける、ハイテク産業ならぬ労働集約型産業のＩＴ業界は、実に半世紀にわたり生き永らえてきた。

だが、先ほどの記事を書いた２０１５年あたりから、ユーザー企業に変化が生じてきた。ビジネスのデジタル化に取り組む企業が増え始めたのだ。今で言うところのＤＸに目覚めたわけだ。金融のＦｉｎＴｅｃｈや自動車のコネクテッドカーなどにも注目が集まるようになった。で、私はこうした動きを過大評価し、将来を楽観視した。ユーザー企業がＩＴ投資の比重を基幹系などバックヤードのシステムから、フロントのデジタル分野に移すことで、人月商売のＩＴ業界は干上がる、と。そんなシナリオだ。

今思えば、アホなくらい楽観的すぎるシナリオだ。実際には日本企業の「デジタルシフト」は遅々として進まず、今や日本はデジタル後進国に落ちぶれてしまった。もちろん、２０２０年までに人月商売が完全に消滅するとは、さすがの私も思っていなかった。あの記事でも「人月商売が突然絶滅するわけではない。だが、２０２０年を機に急速に市場が縮むから、ＳＩガラパゴスは阿鼻叫喚《あびきょうかん》の状態になる」と断っている。だが、人月商売の市場が急速に縮む兆しがまだない以上、予測は大外れだったと素直に認めるしかない。

ただし「ユーザー企業が悔い改め本気にＤＸに取り組むことで、ＳＩｅｒをはじめとする人月商売のＩＴベンダーが死滅する」というシナリオ自体は、修正する必要性を感じていない。要は時間の問題である。そこに新型コロナウイルス禍が襲ったことで、ほぼ全ての企業の経営者がＤＸに本気になったし、新たに発足した菅義偉政権も行政のＤＸを看板政策に位置付けた。よし、今度こそ大丈夫だ。「２０２５年までに……」。おっと、安直に予測を述べるのはもうやめておこう。

いずれにしろ、ＳＩｅｒをはじめとする人月商売のＩＴベンダーは滅び去るしかない。そうならないようにするには、ＩＴベンダーは自ら人月商売を捨て去り、クラウドサービスやコンサルティングなどを提供するまともなビジネスモデルへと転換するしかない。このことはＩＴベンダーの経営者なら百も承知のはずだ。だが何年、いや何十年たっても変われないのはなぜか。

実は、人月商売は麻薬のようなものだからである。やめたくても、やめられないのだ。客のご用を聞き、多重下請け構造を活用して技術者をかき集め、言われた通りにシステムをつくるだけで、わけなく収益を上げることができる。こんな「甘美な極楽」は、ハイテク産業である本物のＩＴビジネスの世界には存在しない。だから抜け出せないのだ。で、「お客さまが変わってくれないと、我々は変われない」などと自らの無策と無能を正当化してきたわけだ。

だったら、いよいよその「お客さま」が変わるわけだから、ITベンダーの「懲りない面々」にも変わっていただきましょう。そう言えば以前、大手SIerの人に「SIerには『お客さまスイッチ』という便利な押しボタンがある」との話を聞いたことがある。「お客さまが求めておられる」と言えば、SIerの社内で大概のことは通ってしまう。これをお客さまスイッチと呼ぶらしい。だから、客がDXへの支援を求め、クラウドサービスを求めるなら、SIerは求められるままにビジネスをシフトさせるはず。「お客さまスイッチ、押すべし」である。

「官」が正しい客になること以上の政策なし

では現状で、お客さまスイッチとしての役割を果たし得る最有力な客はどこか。これまでは想定することさえできなかったが、菅政権が行政のDXを看板政策として掲げたために、官公庁や関連団体、そして地方自治体が赤丸急上昇である。デジタル庁の新設によって官公庁のシステムが標準化されて無駄な運用コストなどが削減され、全国の自治体に標準仕様のシステムが導入されていけば、大手SIerから地方のITベンダーに至るまで、少なくとも公共分野でのビジネスは大きく変わる。

もちろん、これで人月商売の部分、つまりＳＩや受託開発、客先常駐の保守運用などがゼロになるわけではない。ただシステムの標準化やクラウド化の進展度合いによっては、人月工数が大幅に減少する。つまり人月商売のＩＴベンダーの食いぶちが大きく削られるわけだ。官公庁や自治体がこれまでの丸投げを悔い改め、内製化に乗り出せば、人月商売の余地はどんどん削られて、さすがのＩＴベンダーもビジネスモデルの転換を進めざるを得なくなる。

人月商売のＩＴベンダーにとって公共分野は金融分野と並ぶ金城湯池だ。だから、行政のシステムを担っているＩＴベンダーはありとあらゆる手段を使って抵抗を試みるはずだ。人月商売のＩＴ業界全体が抵抗勢力になると考えてよい。しかもたちが悪いことに、官庁や自治体を問わず、業務のやり方を変えたくない利用部門や、頼みの綱のＩＴベンダーを失いたくないＩＴ部門と結託し、行政のＤＸの換骨奪胎を図るだろう。

逆に言えば、それだけ行政のＤＸは、懲りないＩＴベンダーを人月商売から引きはがすうえで大きな効果があるということだ。人月商売のＩＴベンダー、特に栄光のコンピューターメーカーから落ちぶれてしまった大手ＳＩｅｒを、何とか世界と戦えるまともなＩＴベンダーにしようとして、様々な産業政策がこれまで打たれてきた。だが、ほとんど効果がなかった。というか、落ちぶれるＩＴベンダーがさらに落ちぶれる一方で、ユーザー企業のシステム子会社の「新規参入」もあり、人月商売の裾野はむしろ広がってしまった。

なぜそうなってしまったのかについては、既に答えを書いている。人月商売は麻薬のようなものだからである。身も蓋もなく言ってしまえば、法律で人月商売や多重下請けを禁止するといった強権でも発動しない限り、ITベンダーが自らの意志で人月商売から脱却するのは難しい。ただそんなことより、行政機関が客として人月商売の元を絶つほうが、はるかに効果的である。ITベンダーでは必ずやお客さまスイッチが押されることになるだろう。

これは本当に一石二鳥、王手飛車取りである。官庁や関連機関、そして自治体がDXに取り組みことによって世界の笑いものから脱却し、まともな電子政府、電子自治体を構築する。こうして客として正しくなることで人月商売の元を絶ち、結果としてITベンダーにビジネスモデルの転換を強制する――。完璧である。どんなに考えても、これ以上に実効性のある政策はちょっと思い付かない。

さらに民間企業のDXの促進に向け、大きな波及効果も期待できる。行政のDXが進展すれば、企業もDXにますます本気で取り組むようになるはずだ。直接的には、行政とのやり取りが必要な業務がまずデジタル化される。それに、行政のDXを含めた「日本の

DX」に向けたムーブメントが強まれば、流行にながされやすく「官」にも弱い日本企業の経営者たちは、変革のギアを上げざるを得なくなる。さすればIT業界の人月商売は、それこそ死滅に向かう。

行政のDXが人月商売を助ける

ここまで読んで「ありゃりゃ、この本の内容らしからぬ楽観論だな」とあきれた読者も多いかと思う。そうなのだ。これは完全な楽観論にすぎない。実際にはとてもじゃないが楽観できる情勢ではない。むしろ憂慮すべき事態になりつつある。

既に何度も触れた通り、私がDXの重要性を語る場合、全世界で進むデジタル革命を念頭に置いている。今のデジタル革命はかつての産業革命に匹敵する大変革だから、乗り遅れれば日本はIT後進国どころか本物の後進国に転落してしまう。だから、企業も行政も、そして日本全体がデジタル革命をキャッチアップしなければならない。特にITベンダーはDXを担う中核的存在にならなければならない。それなのに相変わらず人月商売にかまけているので話にならない。

「デジタル革命がかつての産業革命に匹敵する」という認識は誰もが合意するから、てっきりＤＸの重要性を語る人は皆、その認識を基にＤＸを推進しようとしているのだと考えていた。だが、それは大きな勘違いであることを、ある人が教えてくれた。政府のデジタル政策はあくまでも「新型コロナ禍からの経済復興」を図る一連の政策の１つである。もちろんデジタル化などによる経済構造の転換という大目標はあるものの、政策によって苦境に陥る企業や人が出てはいけないのである。

お分かりだろうか。コロナ禍からの経済復興にデジタルを位置付けるのは、政策として正しい。コロナ禍で苦しむ企業や人を支援するための政策なのだから、その政策によって企業や人がさらなる苦境に陥ってはならないという配慮も理解できる。だが、この「原則」を行政のＤＸに適用したら、どうなるか。例えば自治体が標準仕様のシステムを導入した結果、これまで保守運用を担っていた技術者が大勢要らなくなったり、地元ＩＴベンダーの経営が苦しくなったりするような事態が生じるとしたら……。それはあってはならないのである。

特に地方の場合、大手ＳＩｅｒだけでなく地元の有力ＩＴベンダーが自治体のシステムのお守りを請け負っている。地場にある3次請け、4次請けなどの下請けＩＴベンダーも含め、こうした人月商売のＩＴベンダーは「地元の輝ける星」である。彼らが原始的な労働集約型産業でしかないにもかかわらず、自治体関係者は依然として「ハイテク産業」

と誤解しているからだ。新型コロナ禍からの経済復興のなかで、輝ける（人月商売の）ＩＴベンダーにリストラを強いるようなことがあってはならないのである。

誰もが同意してくれるとは思うが、コロナ禍のような非常時こそが変革の大きな機会である。それに、人月商売のＩＴベンダーに変革を強いているだけであり、経営破綻を強いているわけではない。もちろん潰れるＩＴベンダーもあるだろうが、そもそも「手配師」や「人売り」の商売しかやる気のない企業は淘汰されたほうがよい。だが、そうはならない公算が大きい。下手をすると、行政のＤＸなどデジタル化政策で投じられる巨額の予算により、人月商売のＩＴ業界が肥え太る事態にもなりかねない。

まあ、そんなわけなので、これからも行政のＤＸ、企業のＤＸ、そしてＩＴ業界のハイテク産業化を実現すべく、おかしな動きを見逃さず問題点を明確にしていかなければならない。それにしてもＩＴジャーナリストをやっているうちに、日本がＩＴ後進国、あるいはデジタル後進国に転落するのを見ることになるとは思わなかった。生きているうちに、文字通りの後進国に落ちぶれるのを見ることだけは避けたいと思うぞ。

DXの焦点

ITベンダーには「製品」としてのサービスが必要 人を酷使する業界よ変わるべし

年が変わるたびに「今年こそ」と書いて、もう何年が過ぎ去ったであろうか。何の話かと言うと、日本のIT業界の変革である。最近ではクラウドを軸に事業を展開するITベンチャーなどが登場しているが、依然として日本のIT業界の主流は、システムインテグレーション（SI）や受託ソフトウエア開発、いわゆる「人月ビジネス」を主な事業とするITベンダーである。

GAFAをはじめとする米国のITベンダーと、人月ビジネスを主力とする日本のITベンダーは、とても同じIT産業とは思えない。だが、別の観点から両者を分類しても同じカテゴリーに収まる。プラットフォーマーなどクラウド事業を主力とする米国のITベンダーも、日本のITベンダーも共に「サービス業」なのである。

このように同じサービス業に分類すると、日本のITベンダーの「後進性」がより鮮明になる。米国のプラットフォーマーなどが提供するサービスは、ソフトウエアによって作り出されるサービスである。片や、日本のITベンダーのSIや受託ソフトウエア開発は、人手によるサービスだ。しかも、SIを提供するITベンダーの下に、多重下請けの形で多くの受託ソフトウエア開発会社が連なり、人海戦術でシステムを作ったり運用したりするサービスを提供している。

つまり同じIT産業であり、同じサービス業に分類されながら、米国では最先端のハイテク産業なのに対して、日本では「原始的」な労働集約型産業なのだ。そのため日本のITベンダーは、技術者という貴重な人的リソースを湯水のように浪費してきた。クラウドなどの形で提供するソフトウエアが1つあれば済むような場合でも、個々の顧客ごとに大勢の技術者の人手をかけて作るわけなので、その無駄たるや「国家的損失」と言っても決して大げさではないであろう。

「増殖」を続けた人月ビジネス

実は以前から、ITベンダーの経営者の多くが人月ビジネスの問題点を自覚していた。1990年代前半の時点で既に「人月ビジネスからの脱却」を経営課題として掲げたITベンダーも存在した。だが、人月ビジネスは逆に「増殖」し続けた。国産コンピューターメーカーはハードウエア事業の衰退により、事業の主力をSIに移したし、システム子会社なども「外販強化」の名の下に人月ビジネスに参入した。

増殖の理由は簡単で、それだけ個別システムを求めるニーズが強かったからだ。顧客企業の要望を聞き、技術者を動員するだけで、わけなく収益を上げられた。多くのITベンダーが人月ビジネスの「ぬるま湯」につかり、抜け出せなくなったのだ。そして「お客さまが変わってくれないと、我々は変われない」などと正当化して、人月ビジネスを続けてきたのが、日本のITベンダーの偽らざる姿だ。

だが、本当に「お客さま次第」なのか。もしそうなら、米国のITベンダーは日本でビジネスを展開できなかっただろうし、日本でITベンチャーが誕生することもなかったであろう。いずれにせよ、新型コロナウイルス禍を機会と捉え、多くの企業がDXに取り組み始めた。「お客さま」は2021年には間違いなく変わる。システム開発などの内製化に取り組む企業も増えているから、ITベンダーも言い訳をしている場合ではなくなるはずだ。

ちなみに米国のITベンダーは、クラウドなどの形で提供するソフトウエアやサービスを「プロダクト」と称する。プロダクトには「工業製品」だけでなく「成果」や「創作品」といった意味がある。日本のITベンダーも一刻も早く、自前のプロダクトであるサービスを提供できるように、自らのDXに取り組む必要がある。

第5章

「DX人材」の欺瞞、技術者の生きる道

その1

中途採用したＩＴ人材を終身雇用しようとする愚
「用済み」なら去ってもらえ

「優秀なＩＴ人材が採用できなくて困っている」というユーザー企業の話を聞くと、なぜか違和感を覚えた。彼らのぼやきはどれもほぼ同じ内容だ。「一般企業だとコンピューターサイエンスなどを学んだ優秀な学生が採れない」。だから「中途採用で優秀なＩＴ人材を採用したいが、相手にしてもらえない」。その結果、どの企業も「困った。困った」となる。言っていることが安直なんだよね。でも違和感の正体はこれではない。

違和感の話をする前に、なぜユーザー企業の人材採用に対する発想が安直なのかについて説明しておこう。別にたいした話ではない。そもそも優秀な理系の学生をＩＴ要員、デジタル要員として採用できないような企業なのに、どうして現役バリバリの優秀なＩＴ人材を中途採用できると思うのだろうか。これは安直以外の何物でもない。

さらに「なぜ優秀なＩＴ人材が必要なのか」と質問すると、より安直さが際立つ。大概もやっとした答えしか返ってこないのだ。「いやぁ、そりゃ、うちもＤＸに取り組まなきゃいけないからだよ」。うーん、答えになっていない。で、「具体的に中途採用したIT人材に何をやってもらいたいのか」と問いただすと、「デジタルサービスのPoC（概念実証）とか、AI（人工知能）活用とか、いろいろあるよ」との答え。駄目だこりゃと言うしかないレベルである。

断っておくが、このやり取りは特定のユーザー企業の人との会話ではなく、幾つかの企業での話を合成したものだ。だから私と会ったことのあるユーザー企業の人は、身に覚えがあるからと言って「木村め、うちの話を書いたな」とはくれぐれも思わないでほしい。優秀なIT人材が採用できないと嘆くユーザー企業は、どこもかしこもこんな安直な発想でIT人材を採用しようとしているのだと受け止めてもらいたい。

結局のところ、優秀なIT人材に何をしてもらうのかを決めていないのだ。もちろん、IT人材にやってもらいたい仕事を明確にして中途採用に臨む企業もあるが、多くの場合、優秀なIT人材がいなければDXを推進できないとか、AIに精通したIT人材を雇えば何かやってくれるだろうとかいった安直さが透けてみえる。

その安直さは応募してきたIT人材にも見透かされている。採用が難しいと言っても大企業なら、中途採用への応募者がゼロという事態にはならない。応募してくるIT人材はいるが、ぜひ採用したいと思えるようなキャリアのIT人材にはことごとく逃げられてしまう。応募者からすれば採用面談で上記のようないいかげんな話を聞かされたら、「こんな会社に入社したらキャリアの破滅だ」と思ってしまうだろう。「下手をすると基幹系システムのお守りをさせられかねない」といった嫌な予感を抱いても不思議はない。

「PoCごっこ」のための中途採用は無理

そんなこんなでIT人材を中途採用できなかったユーザー企業では、失敗を次のように総括したりする。「優秀なIT人材に高額報酬を出す企業もあるが、彼らはお金のためだけで働いたりしないんだよね。結局はやりがい。チャレンジしがいのある魅力的な仕事がなきゃ駄目なんだ。うちにはそんな魅力的な仕事がないからね」。

この総括自体は全くその通りだ。だが不思議なのは、世間の注目を集めるような高額報酬を提示して断られたのならともかく、相応の年収、あるいは多少色を付けたぐらいの金額を提示した企業までそうした総括をするのはなぜなのか。恐らく採用面談でIT人材から「私は報酬よりも仕事のやりがいを重視します」といった話を聞いたのかもしれない。そのIT人材に辞退されてしまえば、そんな「総括」になっても不思議ではない。

やはり、これも安直だ。既存の産業やビジネスのデジタルディスラプション（デジタルによる破壊）が進むデジタル革命の時代に生き残りをかけて、日本企業もＤＸに取り組んでいるはずだ。にもかかわらず、ＤＸ推進に向けてのコア人材であるＩＴ人材の中途採用がこんな安直であってよいのだろうか。おっと、こう書くと怒られてしまうな。もちろん、どの企業も優秀なＩＴ人材を獲得しようと必死で採用活動をしているはずだ。問題はＩＴ人材採用の動機が安直なのだ。

ユーザー企業がＤＸに取り組んでいるからと言っても、そのＤＸの取り組みがまともであるとは限らない。ＤＸはデジタルを活用したビジネス構造の変革であるから、本来なら明確なビジョンや戦略が要る。だが、ＤＸに取り組んでいると称している日本企業の大半にそんなものはありゃしない。経営者が思い付きのように「ＡＩを使って何かやれ」などと言い出し、現場が慌ててＰｏＣに取り組む。その程度の「ＰｏＣごっこ」を「我が社のＤＸ」と称しているケースが圧倒的に多いはずだ。

経営としての明確なビジョンや戦略がないなかで、現場が何かやろうとするのはどだい無理な話だ。ＩＴに詳しいはずのＩＴ部門もＩＴベンダーへの丸投げが常となって素人集団と化しているから「ノーアイデア」。何の役にも立たない。仕方がないので、ＩＴベンダーにおんぶに抱っこの状態でＰｏＣに取り組んでみるが、一向に成果が出ない。で、「やはり優秀なＩＴ人材がいないと話にならない」との結論になり、中途採用に乗り出すことになる。

かくのごとしでは、チャレンジしがいのある仕事をＩＴ人材に提示できるわけがない。いつぽしゃるかも分からないＰｏＣごっこに携わってくれ、と言うのがせいぜいだ。当然、ＩＴ人材は正しく予想する。「そのＰｏＣは長くは続かない。下手をしたら入社早々、システム子会社あたりに出向になって、基幹系システムのお守りの仕事をあてがわれるのではないか」。たとえ企業が採用を通知しても、即行で辞退されてしまうはずだ。

終身雇用でＩＴ人材を囲い込もうとする愚

さて、冒頭で書いた違和感の件だ。「優秀なＩＴ人材が採用できなくて困っている」といったユーザー企業の話を聞くたびに「何か変だな」という感覚に襲われたのだが、その違和感の正体をなかなか言葉にできずにいた。それが少し前、あるユーザー企業のＣＩＯ（最高情報責任者）が「良い人を採用できないんだよね。仮に採用できたとしても長く働いてもらえないんだよ」と嘆くのを聞いて、はたと気がついた。

違和感の正体とはこういうことだ。「日本企業はなぜ中途採用したＩＴ人材を終身雇用しようとするのか」。つまり、「優秀なＩＴ人材を採用できない」と嘆いている人たちに共通するのは、ＩＴ人材を終身雇用の形で自社に囲い込もうとしている点だ。あの日本経済団体連合会（経団連）ですら終身雇用など日本型雇用制度の見直しを提起するご時世なのに、ユーザー企業の意識は日本型雇用制度の枠に縛られている。

中途採用しようとするＩＴ人材が終身雇用を熱望しているのなら話は別だ。しかし、優秀なＩＴ人材であればあるほど、同じ会社に定年までいることを前提に自分のキャリアプランを考えたりはしない。わくわくするような挑戦しがいのある仕事をやり遂げて、もはやこの会社に自分は用なしと思えば、転職してキャリアアップを図っていく。米国では当たり前だし、日本でもネット企業のＩＴ人材もそんな意識で転職を繰り返す人が多い。

さらに言えば、「優秀なＩＴ人材はお金のためだけで働いたりしない」というのは真理かもしれないが、やはりサラリーも大切だ。自分の能力や成果に見合った報酬を得られなければ、ばかばかしくてやってられないだろう。新卒入社組でも、ほぼ横並びの給与水準に不満を持っているＩＴ人材は多いはずだ。まして自分の能力が発揮できる新天地を求める人なら、自分の能力や成果を給与という形で正当に評価してほしいと考えるのは当然だ。

それなのに既存の大企業などでは、優秀なＩＴ人材にチャレンジしがいのないＰｏＣごっこなどの仕事を割り当て、安月給で細く長く定年まで働いてもらおうとする。大企業の社員の大半は新卒一括採用され、年功序列に従いながら定年まで働くつもりだから、中途採用者も終身雇用など日本型雇用制度の枠組みで働くものと決めてかかっているのだ。

ＩＴベンダーと異なり、ユーザー企業では優秀なＩＴ人材の能力をフルで必要とする仕事はそんなに多くはない。下手をすると直近の課題であるＰｏＣが終了すると、それから先、その能力を必要とする案件はもうないかもしれない。ＩＴ人材からすると「用済みならば即転職」なのだが、企業のほうは終身雇用を前提に採用しようとする。そうなると当然、他の社員と同じか、少し色を付けた程度の給与しか提示できないわけだ。

そんなわけなので、企業が終身雇用を前提に採用を考えている限り、優秀なＩＴ人材を採用できるわけがないのだ。2～3年ほど在籍してＤＸプロジェクトの中核を担ってもらい、その間はそれなりの高額報酬を支払うが、プロジェクトが終了した時点で会社を去ってもらう。そんな発想でなければ優秀なＩＴ人材は雇えない。「せっかく獲得した人材を失いたくない」などと言ったところで、そもそも入社してもらえなければ話にならないではないか。

ＩＴ人材のシェアリングが必要だ

日本型雇用制度の枠組みの中でも有期雇用やジョブ型雇用などやりようはある。ＩＴ人材も望むところならば、雇用の継続を保証しない代わりに高額の報酬を提供すればよいではないか。もちろん、ＩＴ人材にとってチャレンジしがいのある案件があることが前提だ。そもそも単なるＰｏＣごっこぐらいしか案件がないのなら、慌てふためいてＩＴ人材の中途採用に狂奔する必要はあるまい。

ＤＸプロジェクトが一応の完了をみて高報酬のＩＴ人材が用済みになったら、そのＩＴ人材には会社を去ってもらうわけだが、心得違いがあってはならないぞ。そのＩＴ人材の次の転職希望先から照会があったら「○○や××など素晴らしい実績を上げた」などと正しく伝えて、ＩＴ人材の転職に協力する必要がある。何も特別なことではない。米国では当たり前の話だ。

転職先がライバル企業であっても、この原則は同じ。「できれば当社で囲い込んでおきたかった人材がライバル企業に移ろうとしているなんて許せない」などとセコいことを言ってはならない。ＩＴ人材を気持ち良く送り出してあげれば、きっとそのＩＴ人材は在職期間中にいかに良い仕事ができて自分のキャリアにつながったかを転職先やソーシャルメディアなどで広めてくれるだろう。そうなれば次に優秀なＩＴ人材が必要になったとき、あまたの才能あるＩＴ人材が応募してくれるはずだ。

考えればすぐに分かることだが、ＩＴ人材の絶対数が不足している日本で、１つの企業が優秀なＩＴ人材を囲い込むのは愚の骨頂だ。仮に高給で雇っても、それに見合う仕事がなければ、その企業にとって大損だし、ＩＴ人材も経験や実績を積む機会がない。そしてＩＴ人材が能力を発揮できないなら日本全体にとっても損失である。これでは「三方よし」ならぬ「三方丸損」である。用済みならとっととリリースして、他のところでその能力を生かしてもらう必要がある。

転職が当たり前になれば、多くの企業が優秀なＩＴ人材の能力を時間差でシェアできるようになる。あの気色悪い言い方をあえて使えば、貴重な「人財」は社会全体でシェアしたほうがよい。「技術者のシェアリングエコノミー」が当たり前になれば、ＩＴ人材不足も解消に向かうし日本全体の競争力の向上にも資するはずだ。

ただなぁ。優秀なＩＴ人材を安月給で定年まで囲い込もうとしている面々が悔い改めたとしても、優秀なＩＴ人材を採用するうえでの障害は山とある。例えば経団連が推奨するジョブ型雇用にしても、本格的に導入するのは大変だぞ。詳細な職務内容を記述したジョブディスクリプション（職務記述書）がジョブ型雇用の前提だが、欧米企業並みのジョブディスクリプションを日本企業が用意できるだろうか。

当然、職務の範囲などに上司の裁量が入ってはならない。記述内容にもよるが、ジョブディスクリプションの内容をクリアしたならば、お昼に退社して後は遊んでいても構わない。滅私奉公と忖度《そんたく》などで成り立つ「昭和の遺物」である日本企業の現場力とは対極の世界だ。果たして可能か。もちろん、それができれば日本企業の社風も随分イノベーティブになるけどな。

DXの焦点

転職・副業は今や当たり前 IT人材不足は「技術者シェアリング」で解決

このところ、大手IT企業が相次いで人事施策を打ち出している。例えばNTTデータが2018年12月に発表した制度は、個人の能力や業績に応じて2000万円を超える高額の年俸を支払おうという内容だ。給与水準を世界標準に近づけることで、AIやIoTなど最新技術に秀でた技術者の獲得を狙う。

同時期にSCSKが副業の全面的な解禁を発表している。副業先の職種や業務内容を問わず、原則として届け出だけで認める。併せて他社の社員にSCSKで働いてもらう制度も導入した。

両社の取り組みは異なるが、給与や働き方を柔軟にすることで優秀な技術者を獲得したいという思惑は一致する。空前の技術者不足が続く中、思いきった策を取る必要があったわけだ。それはDXを推進するユーザー企業にも言える。今でも語り草になっているのが、2017年夏にトヨタ自動車が地域限定で打った求人広告だ。

「シリコンバレーより、南武線エリアのエンジニアが欲しい」。JR南武線の駅に掲示したトヨタの求人広告は、多くのIT企業に衝撃を与えた。南武線沿線には富士通やNEC、キヤノン、東芝などの事業所が集まり、「露骨」に転職を呼び掛ける広告はいや応なく、それぞれの事業所に勤務する技術者の目に留まった。その結果、あるIT企業では将来を嘱望されていた若手技術者がトヨタへ転職していったという。

保守的と言われる金融機関でさえ、思いきった策で優秀な技術者の獲得に乗り出している。最近増えているのが、デジタルビジネスを担う子会社の設立だ。本社採用では高給で処遇できないので、人事給与制度の異なる子会社で採用する。本社では禁止している副業も認めるといった具合だ。

優秀な技術者は必ずまた転職する

デジタルの時代になり、AIやIoTなど最新技術に強い技術者は引く手あまただ。今後ユーザー企業とITベンダーが入り乱れて争奪戦が加熱していくのは間違いない。

一見すると技術者不足がますます深刻化していきそうだが、それほど悲観する必要はないだろう。多くの企業が中途採用に乗り出すようになったのは、見方を変えると転職する技術者が増えたということだ。

市場価値の高い優秀な技術者は特定の会社に長くとどまらない可能性が高い。何らかの成果を出し、やるべきことを成し遂げたと思えば、次のチャレンジを求めて再び転職していくだろう。既にネット系のIT企業では2社、3社と渡り歩く技術者はざらにいる。先に書いたNTTデータの制度も、採用した技術者が定年まで在職することを必ずしも前提にしていない。

転職が当たり前になるほど、多くの企業が優秀な技術者の能力を時間差でシェアできるようになる。副業を認める企業が増えれば、さらに技術者の能力をシェアしやすくなる。

日本企業の人事制度は終身雇用が前提だった。システム開発は時期によって波があり必要な要員数は常に変わるため、終身雇用制度と相容れない面がある。特にユーザー企業は開発案件が少ないために自社で必要な要員数を抱えられず、本来なら内製したほうがよいシステムであっても外部委託せざるを得ない。せっかく開発スキルの高い技術者を雇用しても、能力を十分に生かしきれないことも多い。

転職や副業が当たり前になり「技術者のシェアリングエコノミー」が広がれば、こうした問題は解決に向かう。ユーザー企業のＩＴ活用やＩＴ企業の在り方にも革命的な変化をもたらす可能性がある。

その2

「少しは役に立つ」程度の技術者がDX人材だと？企業や行政の人集めを笑う

最近「ありゃ、何だ」と思うことがある。何の話かと言うと、今どんな企業でも、どんな行政機関でも採用したい、あるいは育てたいと大騒ぎしている「DX人材」のことだ。もちろん、DXを担う人材がどんな組織にも必要とされていることには疑問の余地がない。ただ、そのDX人材って何なのよ。話を聞けば聞くほど、もう笑うしかなくなるぞ。

DX人材をあえてカタカナ英語に書き換えてみようか。「デジタルトランスフォーマー」だ。映画のタイトルのようでかっこいいが、カタカナ英語にするとDX人材に必要とされる「要件」が明確になる。つまり「デジタルを活用して何か（ビジネスや組織、文化など）を変える変革者」というわけだ。

そりゃ、どんな企業でも、どんな行政機関でもそんなDX人材が必要なのはよく分かる。だが、そんな人材がどこにいる。どうやって育てるのか。

容易に想像がつくはずだが、DX人材、あるいは将来DX人材になり得るような人は圧倒的に少ない。しかも、ここは日本だ。変化を極端に嫌うサラリーマン集団の組織の中で、変革を志して実際に成し遂げるようなスーパーマン的人材は、全くいないとまでは言わないが、限りなく少ないだろう。にもかかわらず、どんな企業も、どんな行政機関もそんなデジタルトランスフォーマーを探し求める。これだけでも既に非現実的だ。

仮にそんなデジタルトランスフォーマーがいて、転職を考えていたとしよう。だが、これまで変革なんてやったこともないトラディショナルな日本の企業や行政機関がどうやってその人を見つけ、どうやって採用するのだろうか。仮に育てるにしても、これまで何も変えようとしなかった組織の中で、どうやって変革者を生み出すのだろうか。そんな訳なので、DX人材の獲得や育成はほぼ絶望的なのである。

なのに、何でまあ猫もしゃくしも「DX人材！DX人材！」と騒ぐのだろう。そんなデジタルトランスフォーマーは採用も育成もできないのだから、大騒ぎしても仕方がないだろう……。私はそんなふうに考えていた。だが、少し真面目に考え過ぎていたようだ。要は、猫もしゃくしもが求めるDX人材とは、そんな「本物の変革者」ではないのだ。もっといいかげんな話である。せいぜい「DXの推進に少しは役に立つ人材」といった程度にすぎない。

読者には「もっと早く気づけよ」と笑われそうだが、恥ずかしながら今ごろになってようやく気づいた。そのきっかけは、下請けＩＴベンダーの求人にまで「ＤＸ人材」がうたわれているのを見つけたことだ。

下請けＩＴベンダーは人月商売、下請け稼業から脱却するために、ＤＸ人材とやらを求めているわけではない。ユーザー企業のＤＸを支援する技術者をＤＸ人材と呼んでいるだけである。何のことはない。これまで通りＳＩｅｒ経由で客先に赴くコーダーや保守要員をＤＸ人材と言い換えているにすぎないのだ。

ＩＴ人材を言い換えて、猫もしゃくしもＤＸ人材

下請けＩＴベンダーの「求む！ＤＸ人材」ほどひどくはないが、ユーザー企業の「求む！ＤＸ人材」や「ＤＸ人材の育成」も似たようなものである。身も蓋もなく言えば、ＩＴ人材のことにすぎない。

ＡＩ（人工知能）やＩｏＴ（インターネット・オブ・シングズ）など最新技術に詳しい技術者は、もちろんＤＸ人材だ。しかも最近は、基幹系システムの刷新もＤＸの一環とみなされているから、ＩＴ部門の担当技術者も当然ＤＸ人材となる。

そう言えば「デジタル人材」という言葉があるが、こちらもＤＸ人材に取って代わられ

つつある。まだDXがバズワード化していない頃、AIやIoTなどを活用したPoCに取り組む技術者や、何らかのデジタルサービスを実装するシステムを開発する技術者を「デジタル人材」と称するのが一般的だった。旧来型のIT人材と区分する上では有効だったが、今では旧来型のIT人材もデジタル人材も十把一からげでDX人材と呼ばれるようになりつつあるわけだ。

ことさら言うまでもないとは思うが、基幹系システムのお守りをしているDX人材や、常駐している下請けITベンダーのDX人材はもちろん、AIやIoTなどの最新技術を使いこなすDX人材でさえも、必ずしも真の変革者、デジタルトランスフォーマーとは限らないからな。むしろ、どんなに技術者として優秀であっても「ビジネスの変革なんて興味がない。自分のやりたいことだけをやっていたい」という保守的なサラリーマンのほうが多いんじゃないかと思う。

第1章その2で「DXブームが腐り始めている」と書いた。今や日本ではDXブームがピークに差し掛かり、どんな企業も、どんな行政機関も「DXに取り組む」と宣言するようになった。この一大ブームはまだしばらくは続きそうだが、問題はその中身。まさにDXブームは腐り始めているのだ。

何せDXという言葉がどんどん溶解している。第1章その2で詳しく書いたが、識者が「DXの活用（つまり「デジタル変革の活用」）」などと平気で言ったり、経済記事で「DX＝デジタル化」と解説されたり、「DXの導入」なんてフレーズが登場したりする。要は、DXという言葉も腐り始めているのだ。試しに「DXの活用」と「DXの導入」のDXを「IT」に置き換えてみるとよい。「ITの活用」「ITの導入」となり、何の違和感もなく納まる。

つまり日本企業におけるDXの取り組みが、これまでのIT活用やIT導入と何ら変わらないレベルに「堕落」しつつあるわけだ。DX人材という言葉の意味変容も、DXブームやDXという言葉が腐り始めたのと軌を一にしている。DXの活用とDXの導入がITの活用とITの導入であるのと同様に、DX人材とはIT人材のことでしかない。しかも、DX人材（＝IT人材）は従来通り、基幹系システムのお守りをする素人同然の「人材」も含んでいる。

こうなってしまったのは、DXから「魂」が抜かれつつあるからだ。DXの魂は「変革」であって、決して「デジタル」ではない。DXから変革という魂を抜いてしまえば、単なるデジタル化しか残らない。業務プロセスを抜本的に見直すことなく、TeamsやZoomなど使ってテレワークを導入しただけなのに、それを「我が社のDX」と誇らしげに言うアホ企業があったが、まさにそれは「業務のデジタル化」であって「業務のデジタル変革」ではない。そんな訳なので、DX人材とやらも従来のIT人材で十分なのだ。

IT人材改めDX人材の数が重要なワケ

読者の中には「いやや、さすがにDX人材は単なるIT人材ではないだろ。デジタルサービスの創出にチャレンジしたり、業務改革などに取り組んだりしているという記事も読んだことがあるぞ」と異議を唱える人もいるかもしれない。

そりゃ、その通りだ。だが、よく思い出してほしい。今で言うDX人材を素直にIT人材と呼んでいた頃も、彼ら／彼女らはデジタルサービスの創出や業務改革に取り組んでいなかったか。

もっと具体的に言うと、デジタルサービスの創出なんて四半世紀前から、多くの企業で多くのIT人材が取り組んできた。中年やシニアの人なら、1995年以降のインターネットの爆発的普及、EC（電子商取引）などのネットビジネスの大ブームを思い出すとよいだろう。ITを活用した業務改革に至っては、1980年代からあったぞ。これはシニア限定だが、SIS（戦略情報システム）ブームなどを振り返ってもらいたい。

要は、四半世紀以上も前からIT人材たちは、何らかの変革に取り組んできたのだ。しかも1995年以降の取り組みは、今のDXと本質的に何も変わるところがない。そりゃ当たり前だ。今、世界で進展しているデジタル革命は1995年から始まったからだ。当時のネットビジネスの取り組みを今の時代に持ってきたら、間違いなく典型的なDX事例として紹介されることだろう。

だが、残念なことに彼ら／彼女らが取り組んだ変革の試みの大半は挫折した。例えば小売業や旅行業は1990年代後半には既に「本気でECに取り組まなければ、我々は生き残れない」と認識し、各企業はそれなりのECサイトを構築した。にもかかわらず、今でも多くの企業がデジタル対応に後れを取り、「DXを推進しなければ！DX人材が必要だ！」と騒いでいる。

なぜか。ECサイトなどを企画したりつくったりできるIT人材はいたが、真の変革者、デジタルトランスフォーマーがいなかったからである。

にもかかわらず、日本企業は過去の失敗に学ぶ能力がないのか、かつてのIT人材たちが試みたのと同じような取り組みを、DX人材と言い換えた今のIT人材たちに担わせようとしている。そう言えば、技術者以外の社員にもプログラミングやデータ分析手法を学ばせて、DX人材の底上げを図ろうという企業が結構ある。ただねぇ、いくらDX人材を増やしたところで、そのままでは彼ら／彼女らは「DXの推進に少しは役に立つ人材」

にすぎないんだよ。

ちょっと話は脱線するが、なぜ日本企業が単なるＩＴ人材を言い換えてまで、ＤＸ人材の増員にご執心なのか、そのあたりの裏事情を解説しておこう。もちろん、単なるＩＴ人材であってもいることに越したことはないのだが、「ＤＸ人材」とレッテルを貼れる社員が大勢いることが重要なのだ。今や株主や投資家はＤＸの取り組みに強い関心を抱く。だから企業の経営者は、株主らに具体的に説明できるＤＸの成果が欲しい。ろくな成果が出ないなかで「ＤＸ人材を○人に増やした」は、数字を挙げて説明できる数少ない「成果」なのだ。

「そんなばかな」と思う読者もいるだろうが、株主や投資家の目を気にしてＤＸを語る経営者は結構多いからな。中には、中期経営計画などでＤＸの推進をうたうために、急きょＤＸ推進組織をつくる企業もあるぐらいである。「何をどのようにデジタル変革して、何を目指すのか、実は何も具体的に決められなくて困っている」と正直に内情を明かしてくれた経営幹部もいた。そんな訳なので、ＤＸ人材の数を誇示できるようにするのは極めて重要なのである。

デジタルトランスフォーマーはどこにいる？

話を元に戻すと、単なるIT人材を言い換えただけのDX人材を何人集めたところで、それだけでは企業（そして行政機関）のDXは成功しない。何度も言うが、そんなDX人材は「DXの推進に少しは役に立つ人材」にすぎないのだ。もちろん、彼ら／彼女らはPoCの試みやデジタルサービスの立ち上げ、あるいは基幹系システム刷新に伴う業務改革などに奮闘するだろうが、そんな「現場」の取り組みだけではどうにもならない。先ほど説明した通り、そのほとんどが過去の取り組みと同様に挫折するだろう。

やはり狭義の意味でのDX人材がどうしても必要なのだ。つまり本物の変革者、デジタルトランスフォーマーである。ただ冒頭で書いた通り「デジタルを活用して何か（ビジネスや組織、文化など）を変える変革者」は、日本では極めて少ない。社内外を探したところで、まず見つからない。だとしたら、自分たちがデジタルトランスフォーマーになるしかない。

「自分たち」とは誰かと言えば、もちろん経営者をはじめとする経営幹部である。半ば皮肉を込めて言うが、経営幹部はその企業の人材の中で最も優秀な人たちであろうから、全員とは言わないが、少なくとも誰かが自社のDXを主導するデジタルトランスフォーマーの役割を果たす必要がある。そもそもDXの魂はデジタル（IT）ではなく、変革のほうなのだから、技術者よりも経営幹部のほうがその任にふさわしい。

その意味では、第3章その2で書いた「CDXO（最高DX責任者）」こそが、まさにデジタルトランスフォーマーである。あの記事では、DXの定義を「デジタルを活用したビジネス構造の変革」という毒にも薬にもならない抽象的なものから、「顧客に少しはましなデジタルサービスや顧客体験を提供するために組織の壁をぶっ壊すこと」という具体的なものに変えた。そのうえで、社内の抵抗勢力を説得したり、時には一掃したりして、変革を主導できる人がCDXOを務めるべしと書いた。

まさに「CDXO＝デジタルトランスフォーマー」である。ITやデジタルの技術動向などにも理解がなければ話にならないが、変革の取り組みを継続できる腕力や指導力が必須だ。その意味で社長、あるいは次期社長候補の実力派幹部こそがその役割にふさわしい。「DX人材が欲しい。どこかにいないか」と騒いでいる経営者や経営幹部にもう一度言っておくが、まずはあなたたちがDX人材でなければ話にならないぞ。

経営幹部がDX人材としてしっかりしていれば、「DXの推進に少しは役に立つ」レベルのDX人材も思いっ切り仕事ができる。そうすれば、彼ら／彼女らは修羅場をくぐり抜けて経験や知見を積み、腹も据わって真の変革者に成長していくだろう。「うちにDXを推進できる人材がいない」と嘆くアホ経営者をたまに見かけるが、それは見当違いだ。DX人材はDXのなかでしか育たないのだ。

そんな訳なので、「DXの推進に少しは役に立つ」レベルのDX人材を集めることができたとしても、彼ら／彼女らに「DXを丸投げする」のだけはやめたほうがよいぞ。そんなことをすれば確実に失敗し、せっかくのDX人材も逃げ出すか朽ち果てるだろう。そう言えば、DX人材にあの気色の悪い表現を使う企業も出てきているな。いわく「DX人財」。貴重な「財」だと持ち上げて、頼る気満々だ。もう笑うしかない。

その3

人月商売のＩＴ業界は「いつか来た道」を再び歩く そろそろ技術者の解雇を検討せよ

ワクチン接種により新型コロナウイルス禍が終息することで、景気の本格的な回復が期待されている。だが、本当にそうか。先のことは誰にも分からないが、確実なのはいつか再び深刻な不況の時期がやってくるということ。そしてもう１つ確実なことがある。そうなれば、人月商売のＩＴ業界は「いつか来た道」を再びたどるということだ。

何の話かと言うと、人月商売を潤してきたシステム開発案件が次々と「蒸発」する事態になるわけだから、あの話に決まっている。ＳＩｅｒ、あるいはＳＩｅｒのパートナー企業である「手配師」のＩＴベンダーによる下請け切り、そして下請けＩＴベンダーの経営破綻、あらゆる手口を使った技術者の事実上の解雇など、景気の悪化局面で何度も見てきた光景のことだ。「雇用の調整弁」として機能してきたＩＴ業界の多重下請け構造がフル回転し始めるのだ。

この本をここまで読み進めてきた読者ならもうお分かりかと思うが、私の基本スタンスは「人月商売のＩＴ業界は滅ぶべし」である。労働集約型産業なのにハイテク産業のように偽装し、技術者を消耗品のように扱ってきた前近代的な企業たちだ。ハイテク産業の一員に生まれ変われないのなら、消え去ったほうがよい。普通なら下請けの中小企業の苦境に同情が集まるが、ＩＴ業界の多重下請け構造の末端で「人売り業」に明け暮れていた企業に同情を寄せる必要はない。

ただし下請けＩＴベンダーの経営破綻は、所属する技術者らの失業に直結する。こうしたＩＴベンダーが案件減少のなかで生き残ろうとすれば、売り上げが技術者の頭数に比例する人月商売である以上、技術者を辞めさせる以外に打つ手がない。かくして、これまでの好況時に「未経験者可」などとしてかき集められて技術者に仕立て上げられた人たちは、これからの案件減少に合わせて切り捨てられる。人月工数としての総需要が大きく減るのだから、仕事にあぶれた人が失業するのは労働集約型産業の当然すぎる冷酷なメカニズムだ。

人月商売のＩＴベンダー、特に下請けＩＴベンダーの技術者は、景気が比較的順調のうちに転職を企てたほうがよい。もちろん人にはそれぞれ事情があるので、転職に踏み切らず失業の危機にさらされても、「条件の良いときに転職しなかったのだから自己責任だ」などと言うつもりはない。どんなときでも技術者に対するユーザー企業などの中途採用意欲は高いはずなので、幸運を祈るのみである。

だが、そろそろはっきりさせたほうがよい。何かと言えば「本当に技術者の雇用を守る必要があるのか。企業による解雇を明示的に認めるべきではないのか」という点だ。こう書くと、ＳＩｅｒ界隈の「木村嫌い」の関係者から「おいおい、木村がついに人でなしに成り果てたぞ」と陰口をたたかれそうだが、しばらく黙っていてほしい。自分たちが終身雇用のホワイト企業であるために、不況のたびに下請けＩＴベンダーを切り捨ててきた連中に、そんなことを言われたくはない。

ＩＴと終身雇用の相性は最悪

技術者の雇用を考えるうえで、まず前提として認識しておかなければいけないことがある。「ＩＴと終身雇用は最悪と言ってよいほど相性が悪い」という点だ。ＩＴと終身雇用の相性の悪さが、ユーザー企業のＩＴ活用の愚劣さ、優秀な技術者の飼い殺し、システム開発などの丸投げとＩＴ部門の劣化、そしてＩＴ業界の多重下請け構造や技術者の「消耗品化」などを生み出してきた。

ＩＴ関係者だけでなく、経営者や政治家、官僚など全てのビジネスパーソンに基本常識として認識してもらいたいので、ＩＴと終身雇用の相性の悪さ、そして結果としてもたらされる害毒について解説しておこう。論点は2つある。1つはシステム開発など（ＩＴ部門を含む）ＩＴの提供側の問題、そしてもう1つがＩＴの利用側の問題である。

ＩＴの提供側の主要な問題は、システム開発の際に必要となる技術者の数と、システム運用時に必要とされる技術者の数があまりにも違うという点だ。大規模な基幹系システムにもなると、その差は極大化する。特に日本の大企業の場合、利用部門のどうでもよい要求を聞き入れて要件を膨らませるから、システム開発のピークは高くなり、技術者が余計に必要となる。そんなわけなので、終身雇用を前提とする日本企業ではシステム開発、特に基幹系システムを内製するのは事実上不可能なのだ。

少なくともＩＴ関係者なら、この単純な子供でも分かる理屈を理解していない人はいないと思うが、以前はひどかった。ＩＴ業界の識者やＩＴ系記者がこぞって「米国出羽守（米国では、のかみ）」に成り果てていた。「米国ではユーザー企業がシステムを内製しているのに、日本ではユーザー企業に技術者がおらず、ＩＴベンダーにシステム開発を丸投げしている」などと嘆いていたのだ。問題意識としては正しいのだが、なぜ内製できないのかにまで踏み込んで考えていないため、浅薄な議論ばかりだった。

私も米国出羽守になって言わせてもらえば、米国では技術者が転職するのが当たり前なのだ。プロジェクトマネジャーやプログラマーは開発プロジェクトが終了すれば、その会社に用はない。別のプロジェクトを求めて転職し、キャリアを積み上げていく。だからこそ企業はとびきりの人材を採用でき、野心的なシステムを内製できるわけだ。

一方、終身雇用の日本企業が米国企業のようなことをやったらどうなるか。システム開発のピークに合わせて技術者を雇うと、プロジェクトが終了した途端、彼ら／彼女らを処遇できなくなる。そしてＩＴ部門は余剰人員に悩まされる。実際、１９７０年ごろにいち早くコンピューターを導入した一部の先進企業はシステムを内製するため、ＩＴ部門に技術者を大勢抱えていた。しばらくは開発案件が目白押しだったので問題なかったが、一巡すると技術者を処遇できなくなり、配置転換などでＩＴ部門の劣化が一気に進んだと聞く。

こう書いてくると、「最近、ＤＸのために技術者を中途採用し、システムの内製化に取り組んでいる企業が出てきているが、あれはどうなんだ」と疑問を感じる読者もいるだろう。もちろん、本書はＤＸをメインテーマにしているから答えを用意しているし、大変興味深い現象でもある。ただ、その話は後回しにして、まずはユーザー企業によるシステム開発の丸投げに絡め、人月商売のＩＴ業界における「ＩＴと終身雇用の相性の悪さ」について、整理を進める。

人月商売のIT業界では終身雇用は幻想

客の企業からシステム開発を丸投げされるＳＩｅｒの場合、１つのプロジェクトが終了すれば、社員である技術者を別の客のプロジェクトにアサインできる。米国のように技術者自身が転職する代わりに、ＳＩｅｒが自社で抱えた案件の中で、技術者をいわば「疑似転職」させることで、技術者の流動性を確保している。ただ、好況時の需要に合わせて社員である技術者を増やしたら、不況時にはそれこそえらいことになる。なので、ＳＩｅｒは社員を一定数に抑える代わりに、雇用の調整弁として下請けＩＴベンダーを使うわけだ。

下請けＩＴベンダーも調整弁として、さらにその下請けＩＴベンダーを使う。さらにその下請けベンダーも調整弁として……。こうして人月商売のＩＴ業界では、世界に類を見ないほど多重下請け構造を発達させた。それにより不況になっても、少なくともＳＩｅｒは大きなリストラを回避しホワイト企業のままでいられる。末端の下請けＩＴベンダーの経営破綻や技術者の解雇は、ＳＩｅｒのあずかり知らぬところとなる。ちなみに、多重下請け構造はよくできていて「余録」まで付く。いわゆるピンハネというやつだ。

そんなわけなので、多重下請け構造をベースに人月商売を営む前近代的な労働集約型産業においては、終身雇用といった日本型雇用制度は幻想である。物分かりの悪い人がいるといけないから、改めて言っておくぞ。人月商売では総需要（＝総売り上げ）に比例して、必要となる技術者の頭数が決まる。不況で総需要が落ちれば、それに比例して技術者は要らなくなる。ゆえに技術者で終身雇用の「特権」を謳歌できるのは、客のＩＴ部門やＳＩｅｒに所属する「恵まれた」人だけだ。しかも、その特権は下請け技術者の犠牲の上に成り立っている。

ただし最近では、別の流れも出てきた。今までシステム開発を丸投げすることにより、技術者を処遇できないという問題を回避してきたユーザー企業が、今度はＤＸのために技術者を中途採用してシステムの内製化に乗り出し始めたのだ。これをどう見るかだが、実は何らかのデジタルサービスのためのシステム構築なら、基幹系など「古典的な」システム開発の場合に比べ、ＩＴと終身雇用の相性はそれほど悪くないのだ。

デジタルサービスのためのシステムの構築はトライ・アンド・エラーを繰り返す。つまりアジャイル開発が基本だ。基幹系システムでは開発と保守運用の2つのフェーズがはっきりと区分されるが、デジタル案件はずっと改修を繰り返す「永続開発」に近い。従って、基幹系システムのように、開発フェーズが終われば技術者の仕事がなくなるといった事態にはなりにくい。優秀な技術者を社員として迎えても、彼ら／彼女らを終身雇用できるというわけだ。

だが、本当にそうか。確かにデジタルサービスが立ち上がれば、環境変化などに臨機応変にシステムを対応させる必要があるので、技術者の仕事はいくらでもあるだろう。だが、それは「並」の技術者で十分だ。一方、デジタルサービスを企画し、システムを設計する際に必要な技術者は「並」では困る。アーキテクトと呼ばれる優秀な技術者が必要になるが、先ほど述べたように、彼ら／彼女らを終身雇用前提で中途採用しようとするから、物笑いの種のような事態となる。

終身雇用を前提にすると、当然のことながら給与水準が低くなる。優秀な技術者には高給を出すとうたう企業もあるが、米国や中国、東南アジアなどの水準と比較すると「えっ！それで高給ですか」と失笑される水準にとどまったりする。だから、優秀な技術者が採用できない。奇跡が起こるか、技術者が勘違いしたかで入社してくれたとしても、デジタルサービスの立ち上げが終われば、その能力を生かす案件がなくなる。技術者が自ら辞めてくれなければ、それこそ「飼い殺し」だ。

IT産業の「恥部」を消滅させる最善の方法とは

そんなわけなので、そろそろITとの相性が恐ろしく悪い終身雇用を何とかすべき時期に来ているのではないか。もちろん、終身雇用という建前は日本の労働慣行や労働法制度の根幹の1つなので、改革するのは極めて難しい。IT関連の職業だけを「差別的」に制度変更するのは無理な注文だと分かったうえで、あえて言っておく。少なくとも技術者に限っては、例外的に企業が容易に解雇できるようにしたほうがよい。

もちろん「人売り業」のITベンダーが、これ幸いとばかりに技術者をお払い箱にするのを防ぐ必要はあるが、そもそも彼らはこれまでも同様のことを延々と続けてきた。日本のIT産業の「恥部」とも言える人売り業は、可及的速やかに消滅させたほうがよい。そのためにも、企業による解雇を容易にして技術者の流動性を高めることが最も効果的だと思うぞ。

技術者にはジョブ型雇用を導入して、そのジョブがなくなったならば解雇できる――。解雇を容易にと言っても、その程度でよい。そうすれば、ユーザー企業は案件に合わせて技術者を雇って、システムを内製できる。プロジェクトが終われば技術者には去ってもらえばよい。丸っきり米国のやり方と同様だ。デジタルサービスの立ち上げ時には思いっきり優秀なアーキテクトを高額報酬で雇えばよいし、基幹系システムの刷新なら実績のあるプロジェクトマネジャーやプログラマーにそれなりの報酬で来てもらえばよい。

「そんなことをしなくても、今でも有期雇用などで対処できるのではないか」と言う人もいるだろうが、有期雇用は非正規雇用だぞ。権限の限定される非正規雇用では能力を発揮しにくい。正規雇用の技術者が流動化することが重要なのだ。もちろん、多くの技術者が解雇されることを待つことなく、米国の技術者と同じように、別の案件を求めて転職しキャリアを積み上げていけるようになってこそ意味がある。ユーザー企業による丸投げがなくなれば当然、人月商売は成り立たなくなる。日本のIT産業の恥部も雲散霧消するであろう。

さて最後に、ITと終身雇用における相性の悪さの、もう1つの論点についても言及しておく。ITの利用側の問題である。これもまずは米国出羽守で言うと、米国企業は5～10年で、CEO（最高経営責任者）から現場の社員までほぼ全ての人が転職するから、CEOも社員も前職と同じ業務のやり方（＝標準）を求める。なので、普及しているERP（統合基幹業務システム）などをそのまま使うことに誰もが合意する。

一方、終身雇用の日本企業は全てが逆だ。特に大企業の場合、ほとんどの社員が純粋培養で他の会社を知らない。だから自分たちの業務のやり方が絶対で、基幹系システムなども独自仕様を求める。結果として、日本企業のIT利用は劣悪なものとなってしまうわけだ。それとともに、たっぷりと要件を膨らませたシステム開発案件を丸投げすることで、人月商売のIT業界を肥え太らせるという害毒も垂れ流してきた。

そんなわけなので、企業を含め日本全体のDXを進めていく観点で言えば、システム開発などITの提供側だけでなく、利用側も終身雇用から決別したほうがよい。だが、さすがに日本が後進国に落ちぶれるような事態にでもならない限り難しい。それでもまあ、少なくとも技術者の雇用が流動化して、企業に乗り込んできた優秀な技術者が利用部門のわがままを押さえつけてDXを主導するようになれば、それだけでも事態は随分変わる。まずは技術者の流動化に向けた方策を、真剣に考えてみようではないか。

DXの焦点

新型コロナ禍でジョブ型雇用に脚光 IT人材の獲得へ導入進めよ

日本企業の間で、ジョブ型雇用を導入する動きがにわかに活発になってきた。ジョブ型雇用とは仕事内容を詳細に記述したジョブディスクリプション（JD、職務記述書）に基づいて働く雇用制度で、欧米企業などが広く採用している。経団連が以前から導入を働きかけてきたが、新型コロナウイルス禍を機に、多くの企業が本格導入を検討し始めた。

例えば日立製作所は、一部職種にとどまっていたジョブ型雇用を全社的取り組みに拡大する。すべての職種に対してJDの標準版を作成して本格的に導入する。富士通もまず管理職を対象にジョブ型雇用を導入し、一般社員にも対象を広げる。

新型コロナ禍がジョブ型雇用の導入の動きを後押ししたのは間違いない。テレワークの導入により、職務内容を厳密に定めないで時間で縛るような働き方が難しくなったからだ。テレワークも含めた柔軟な働き方を実現していくためには、ジョブ型雇用の導入が必要との認識が広がってきたわけだ。

だがジョブ型雇用の導入の狙いは他にもある。横並びの給与で広く様々な職務を経験させる従来の日本型雇用制度では、DXを主導できる優秀なIT人材などを獲得・育成するのは難しい。職務を厳密に定めて能力や成果に応じて高給を保証するジョブ型雇用は、デジタルの時代に日本企業が生き残る上で、極めて重要な取り組みと言える。

厳格なJDを作成するのは困難

問題は欧米のような厳格な契約社会の産物であるジョブ型雇用を、日本企業で有効に機能させられるかだ。そもそもきちんとしたＪＤを作成できるかが疑わしい。欧米企業のＪＤは職務内容、責任範囲、義務、要求される職務経験やスキルなどを事細かに記載している。職務などを限定しないで働くメンバーシップ型雇用しか知らない社員ばかりの日本企業が、欧米流のＪＤを作成するのは至難の業だろう。

厳密なＪＤを作成しないと、「この仕事も部下の職務に含まれるだろう」といった裁量の余地が上司に生じる。本来、職務を限定したはずなのに、いつの間にか職務の範囲が広がってしまう。ＳＥの仕事なら「システムをエンジニアリングする」を厳密に定義しない限り、システムのあらゆることに関与する「何でも屋」になってしまう。

成果をどのように評価して給与などに適正に反映するかも難問だ。米国企業では、例えば一般に1日7時間でこなせる量の職務を定義した場合、4時間でこなせる従業員は残りの3時間を働かなくてもよいし、別の仕事を担当してもよいとしたりする。別の仕事をすれば当然、その分の給与が上がる。そんな分かりやすい「昇給制度」を日本企業も設計できるだろうか。

法制度の問題もある。ジョブ型雇用を有効に機能させるには、勤務時間の縛りを無くしたり緩めたりすることも必要になるが、日本の労働法制度が十分に対応できていない。時間に縛られない脱時間給制度（高度プロフェッショナル制度）が2019年4月から始まったが、「長時間労働の温床になる」との懸念の声が強く、年収などの条件が厳しく設定され利用が広がっていない。

このようにジョブ型労働の本格的な普及には様々な課題があるものの、日本企業はぜひとも導入を進めるべきだろう。ゼネラリストを尊ぶメンバーシップ型雇用のため、日本企業はこれまで技術者などの専門家を適切に処遇してこなかった。ジョブ型雇用になれば、IT技術のプロ、営業のプロ、そしてマネジメントのプロとして専門性で評価するようになる。それこそが雇用における世界標準である。

その4

ご用聞きと丸投げの日々を送るＩＴ部員たちよ逃げ出さないとやばいぞ

「入社2年目の若手にあんな仕事をさせてよいのかね。彼の将来が心配になったよ」。大手製造業でＣＩＯを務めた人が半分あきれ顔でそんな話を聞かせてくれたことがある。

この元ＣＩＯはリタイア後に、以前から親交のあった大企業のＩＴ部門に招かれ、「ＩＴ担当者の心得」といったテーマで講演したそうだ。そして講演後に開かれた懇親の席での出来事がこの話だ。新卒入社で2年目という若手に「君はどんな仕事をしているの」と聞いたら、「はい、ベンダーマネジメントです」との元気の良い返事が戻ってきたとのこと。「あり得ないだろ」と元ＣＩＯは私に言った。「はい、あり得ませんね」と私。「俺、腰を抜かしそうになったよ」と元ＣＩＯは続けたが、私もその話を聞いて腰を抜かしそうになった。ＩＴ部門の劣化ここに極まれり。まさにそんな話だ。

しかも最近、このネタがバージョンアップしてしまった。ある大企業のＩＴ部門のマネジャーにこの話をして「ね、驚くでしょう」と言ったら、そのマネジャーに「そんなの当たり前でしょう。うちでも若手にやらせていますよ」と不思議がられてしまったのだ。

うーむ。どうやら最近、世間ではITベンダーに対する窓口係をベンダーマネジメント担当と呼ぶらしい。私の理解では、システム開発などのプロジェクトにおいて中核的な役割がベンダーマネジメントだ。外注によって業務をこなすことが基本のIT部門においては「ベンダーマネジメント＝プロジェクトマネジメント」といっても過言ではない。であれば、入社2年目の若手に務まるはずがない。

だが考えてみれば、大企業といえども今やシステム開発案件はほとんど無い。華やかなDX関連プロジェクトからも外されることも珍しくはない。IT部門の日常はシステム運用業務が基本で、不定期に保守業務が発生するのみだ。もちろん保守は規模の小さな開発なのだが、その程度の業務なら運用も含めてITベンダーの常駐技術者に丸投げしておけばよい。そんな状況なので、新卒に近い若手にベンダーマネジメントという「大役」をアサインしても平気なのだろう。

しかし「マネジメント」だぞ。いったいITベンダーの何を「管理」するのだろう。入社してそれほど時間もたっていないのなら、自社の業務もシステムの中身もほとんど分からないはずだ。完璧に丸投げするしかないが……。あっ、あれか。ITベンダーの技術者が「ホント勘弁しろよ」と怒る例のやつだな。ITベンダーが上げた進捗報告書などの

Ｅｘｃｅｌシートを見て「フォントが違うじゃないか」と差し戻す仕事が、ベンダーマネジメントの中身に違いない。

ＩＴ部門に配属された若手に申し訳なく思う

実は、ＩＴ部門に配属されてしまった若手に対して、私は申し訳ないと思っている。この「そんなくだらない仕事はとっとと辞めて転職しろ」とあまり呼びかけてこなかったからだ。ＩＴベンダーの客先常駐技術者に対しては、以前から事あるごとに転職を勧めてきたが、ＩＴ部門の若手への呼びかけはスルーしていた。これは反省せねばならない。

ＩＴベンダーの常駐技術者の場合、自ら逃げ出さないと、長く同一の客先に留め置かれてキャリアが破滅する。基幹系システムの保守運用、特に金融機関の勘定系システムならもう最悪だ。あまりに特殊な世界ゆえ、長くいすぎるとつぶしが利かなくなる。保守するシステムがＣＯＢＯＬベースだと、最悪がもう１つ付く。最新技術から全く無縁な「過去の遺物」のお守り役で終わってしまう。

一方、ユーザー企業のＩＴ部員の場合はどうか。技術者としてのスキルを磨かないまま中年サラリーマンになってしまったら、もう一企業のＩＴ部門という狭い世界にしがみつくしかないだろう。だが、若手ならベンダーマネジメント担当などというくだらない仕事に長く従事していてはならない。劣化したIT部門なら、今後も事業部門からの要求をそのままITベンダーに投げるぐらいしか仕事が無い。つまりご用聞きと丸投げの日々が続く。

もちろんITベンダーの常駐技術者に比べて、ユーザー企業のIT部員が圧倒的に恵まれているのは確かだ。そもそも給与はITベンダーの常駐技術者より高い水準にあるのは間違いない。いわゆるデジタル案件ではなく、ある意味どうでもよい基幹系システムの保守運用なら、自社社員の人件費より外注費が安くなければ、ITベンダーに丸投げする意味が無いからだ。しかも毎日Excelシートを眺めながら「マネジメント」しているだけなら結構なご身分だ。

そんなわけなので、劣化したIT部門が劣化したなりに今後も存続し続けるならば、IT部員としてサラリーマン人生を送り、IT部長やCIOへの昇進を狙ってみてもよいだろう。だがおそらく、そんな甘い未来は待っていない。DXなどの必要性に目覚めた経営者が登場すると、お気楽なサラリーマン人生はジ・エンドだ。

当然、経営者はデジタル（＝IT）を活用した事業変革について、ITの専門家としての意見をIT部門に問うてくる。だが、劣化したIT部門には何らかの見解も策もあろうはずがない。新たに経営者になった人はＩＴ部門の劣化に直接の責任が無いから、役に立たないＩＴ部門は用済みとして遠慮無く解体・再編をするだろう。そのとき、技術者としてのスキルを持たず、自社の業務も満足に知らない「かつての若手」はどうなるだろうか。考えるだけでも恐ろしい。

だから、ＩＴ部門の若手はとっとと逃げ出すべし、である。もともとは営業や製品開発などをやりたくて入社したのに、意に沿わずＩＴ部門に配属された人もいるだろう。あるいは、プログラムを書く技術者になるつもりでＩＴ部門を志願したのに、現実はご用聞きと丸投げの日々の人もいると思う。そんな人たちは人手不足が続く転職の好機を逃してはならない。

「俺は逃げ切れるが、部下は大変だよな」と言うＩＴ部長

ここまで読んで、既に怒り出しているＩＴ部門の関係者がいるかもしれない。「うちは内製が基本で、ＩＴ部員は皆技術者だ」「システム保守はＩＴ部門やシステム子会社の技術者が担っており、ＩＴベンダーに丸投げなんかはしていない」。そんな反論もあるかと思う。どこでもレベル感が似たり寄ったりのＳＩｅｒなどと違い、ユーザー企業のＩＴ部

門はピンキリだからだ。

確かに、基幹系システムの定期的刷新の必要性を歴代の経営者が認めていてIT部門がシステムの内製力を維持している企業や、有能で志の高いCIOやIT部長がいて若手の育成に力を入れている企業もある。だが最近は、こうした「ピン」のIT部門がめっきり少なくなり、劣化して素人集団と化した「キリ」のIT部門がどんどん増えている。

特に日本の産業の中核である製造業において、IT部門の劣化がひどい。金融機関や小売りなどのサービス業と異なり、製造業はこれまで基幹系システムを除けば、IT部門が担うシステム化案件はほとんど無かった。で、企業の業績が悪化すると経営者は容赦なくIT部門の経費や人員の削減に動いた。その結果、劣化が著しく進んでしまい、今になって経営者が「DXだ!デジタル変革だ!」と騒ぎ出しても、IT部門にはその担い手としてお呼びがかかる機会は無い。

IT部長の中には「このままではIT部門に未来は無い」と危機感を抱いている人も多い。2018年春あたりに多くの企業が新設したDX推進組織のほうが、今やIT部門よりも強力な権限を持っていたりするからだ。だが危機感を抱いても、IT部門一筋のサラリーマン人生を送ってきたIT部長には、何をどうしてよいのか皆目見当がつかず、IT部門の劣化を押しとどめるすべが無い。

こうした無能で無気力な長が乗っかるIT部門は、本当にろくなもんじゃない。今まで聞いた中で一番ひどい話に、こんなのがある。ある大手製造業のIT部長も、IT部門は将来必ずつぶれると思っていた。だが、実際につぶれるのは自分がリタイアした後だと踏んでいた。だからか何もしない。で、「俺は逃げ切りでいいけど、部下はこれから大変だよな」などとひとごとのように外部の人に話していたそうだ。

当然、社内におけるIT部門の地位は落ちるところまで落ちてしまっている。そんなIT部門でご用聞きと丸投げの日々を送っていると、技術者としてのスキルどころか、社会人としての常識も身に付かない恐れがある。事業部門に対して卑屈になったり、その反動で何でもかたくなに拒否するだけの人になってしまったりする。そしてITベンダーに対しては高圧的となり、人でなしのモンスター客に成り果ててしまうぞ。

だから、そんなIT部門に所属する若手は、悪いことは言わないから一刻も早く転職したほうがよい。もちろん人月商売のITベンダー、特に下請け専門の会社に間違っても転職してはいけないし、今と似たり寄ったりのIT部門に転職してしまったら何のための転職か分からない。とにかく「ピン」に近いIT部門や、DX推進組織への転職を目指すべし。もちろんITベンチャーへの転職もOKだ。

システム子会社は出来の悪いITベンダー

では、素人のベンダーマネジメント担当などではなく、技術者としてIT部門で働いている場合はどうか。つまりプログラマーなどとしてシステムの保守運用を担っているケースだ。単なる素人よりはましだが、それでも無条件でOKとは言えない。ITベンダーの常駐技術者より待遇や将来展望は良いかもしれないが、やっていることはITベンダーの技術者と同じだからだ。

大企業のIT部門なら担当するシステムはごく一部だろうから、システムの保守などを通じて知り得る自社の業務もごく一部に限られる可能性が高い。しかもCOBOLプログラムが大量に残る企業なら、コボラーを長く続けることになる。将来COBOLプログラムを全廃するとなったとき、お払い箱になるリスクはITベンダーの常駐コボラーよりも小さいだろうが、用済みとなった社内コボラーはいったい何をすればよいのだろうか。

特にシステム子会社に所属しているのなら、より深刻に考えたほうがよい。私がIT部門という場合、おおらかにシステム子会社も含めている。ほとんどのシステム子会社はリストラにより本社のIT部門から切り出されたものの、IT部門だった当時と変わらず本社のシステムの保守運用を担っているからだ。ただこう言っては気の毒な気もするが、今やシステム子会社は出来の悪いＩＴベンダーのような存在に成り果てている。

何せシステム子会社にとって本社ＩＴ部門は「お客さま」だ。というか単純な客よりもっと厄介な存在かもしれない。ＩＴ部門と分離した当初は仲間意識があったかもしれないが、今ではそれも薄れ「客と業者」の関係が強くなっている。にもかかわらず、システム子会社はその客からは逃げられない。寄り添い続けなければならず、必然的にご用聞き意識が強くなる。別会社のため本社の事業にも疎くなってしまう。

だから、システム子会社は出来の悪いＩＴベンダーのようなものなのだ。うそだと思うのなら、出入りのＳＩｅｒに聞いてみるとよい。ＳＩｅｒはシステム子会社が出自のケースが多く、今でも社内にシステム子会社の役割を果たす部門を抱えている。ＳＩｅｒでＳＩビジネスの最前線にいる技術者は、本社に言われるままに仕事をしているシステム子会社部門には絶対に異動したくないと言うだろう。もっともシステム子会社部門の技術者も、外販のような「恐ろしい仕事」はごめん被るということらしい。

そんなわけなので、ベンダーマネジメント担当などといった素人仕事がこれからも続くようであったり、技術者仕事であっても老朽化していくシステムを延々と保守し続けたりするのが見透かせるようならば、何度でも言うが若いうちに転職すべし。若いうちに新しいデジタルビジネスのためのサービスをアジャイルで開発するような環境に身を置いたほうが絶対によい。社内のDX推進部門への異動を狙う手もあるが、その願いが今すぐかなう可能性は低い。

さらに言えば、まともな「ピン」のIT部門にいて大規模開発などを手掛けた中堅・ベテラン技術者もできれば転職を考えたほうがよい。どんなに大手であってもユーザー企業なら新しい試みは限られる。そろそろ退屈になってきているのではないだろうか。ユーザー企業にいる技術者が新天地を求めて転職を繰り返し、ITベンダーからもユーザー企業に転職してくるようになれば、ユーザー企業がSIerの世話になる必要はなくなる。必然的に日本のIT業界の人月商売も存続し得なくなる。何と素晴らしいことではないか。

その5

「自称プログラマー」の哀れな末路 仕組みを考えないコーダーは技術者にあらず

たまに哀れな「自称プログラマー」に関する話を聞くときがある。例えば「あのさぁ、何をつくってほしいか、きちんと仕様にしてくれないと、システムなんかつくれないじゃん！」とか「何をつくるかを決めるのはビジネスサイドのあんたたちの仕事だろ。俺の仕事じゃないぜ」と言い放って、事業部門の人を怒らせたり涙目にさせたりする愚か者たちだ。

一見とても正しい発言のように思える。というか大概の場合、発言としては正論であったりする。同業者なら「よくぞ言ってくれた！」と喝采する人もいるはずだ。何せ最近は、要件定義が全くできず、「何をつくってほしいのか」まで開発サイドに丸投げしてくるビジネスサイドのアホが多数いる。そんな連中を一言で撃退できる自称プログラマーは称賛すら集めるだろう。

だが、この自称プログラマーが本心からそう思っているなら、やはり愚か者である。まず本質でないほうの理由から説明する。「何をつくるかを決めるのはビジネスサイドの仕事だろ!」と言い放ったが最後、「逆も真なり」となる。システム開発プロジェクトでビジネスサイドからの協力は一切得られなくなるし、力関係次第では無理難題を押しつけられる。「それはむちゃです」と言っても「知らねぇよ、それを何とかするのがITの専門家の仕事だろ!」といった具合だ。

で、本質的なほうの理由だが、そもそもソフトウエアって何だっけ?という話だ。私が思うに、ソフトウエアとは「プログラミング言語で記述された(実装された)何らかの仕組み」である。つまりソフトウエアの本質は、それに実装されている何らかの仕組みにあるわけだ。業務アプリなら、もちろんビジネスの仕組みだ。その仕組みを考えてプログラミング言語を道具として使って実装していくのがプログラマーの仕事である。

なぜ冒頭の愚か者たちを「自称プログラマー」と書いたか、もうお分かりであろう。ここまでで「仕組みを考えるのは当たり前でしょ」と不審に思った人は、パッケージソフトウエアやクラウドサービスの開発に携わるプログラマーなのだろう。一方、人月商売ビジネスにはそのあたりがよく分かっていない自称プログラマーが大勢いる。人月商売ビジネスでよく使われる言葉で言えば、彼ら/彼女らはプログラマーではなく「コーダー」。つまり技術者ではなく作業員である。

デジタル革命が進展し、ＤＸの担い手となれる技術者が求められるようになってきている中においては、自称プログラマー、つまりコーダーという作業員はいつ職を失っても不思議ではない。これまでも35～40歳あたりからコーダーは徐々に仕事が厳しくなってきていた。自称プログラマーに染みついているのは分業の発想だ。人月商売の多重下請け構造の発想と言い換えてもよい。そうした分業体制がそろそろ成り立たなくなりつつあると気付くべきなのだ。

プログラマーは「料理を創るシェフ」

そう言えば以前、米マイクロソフトでＷｉｎｄｏｗｓ95のチーフアーキテクトなどを務めた中島聡氏と対談したことがある。その際、中島氏はソフトウエアを料理に例えていた。そうするとプログラマーはシェフである。シェフの仕事の本質は料理を「創る」ことであり、単に食材を切ったり煮たりすることではない。プログラマーも何らかの仕組みを「創る」のが仕事の本質であり、それは言われた通りコードを書くことではない。

中島氏は多重下請け構造の人月商売のＩＴ業界を次のように批判していた。「僕から見ると、ＩＴゼネコンの方は料理をつくったことがない『なんちゃってシェフ』がレシピだけ書いている。下請けの人たちは、下りてきたレシピ通りつくるだけ。そこでは、おいしい、おいしくないは関係ない」。ITゼネコンとはSIerのことだが、このITゼネコンが支配する人月商売のIT業界には、料理を創るシェフに相当する本物のプログラマーが存在しないわけだ。

ちなみにWindowsのようなOSやパッケージソフトウエア、あるいはクラウドサービスの世界では、何らかの仕組み（コンピューターを動かす基本的な仕組みや業務処理の仕組み、あるいはサービスの仕組み）を専門的に考えるプログラマーをアーキテクトと呼ぶ。だからプログラムを書いたことのないアーキテクトはあり得ない。程度の差はあるが、仕組みを考えてソフトウエアの形にしてきたプログラマーの中から、優れたアーキテクトが生まれてくるわけだ。

一方、人月商売のIT業界のほうはどうかと言うと、アーキテクトに相当するのがSE（システムエンジニア）である。先ほどの中島氏の言い方に従えば、料理をつくったことがない「なんちゃってシェフ」たちだ。もっとも、最近ではSIerもプログラミング経験のないSEはさすがに使えないと深く反省し、プログラムを書く経験を積ませるようになった。ただ、仕組みを考え、それをプログラミングで形にしていくプログラマーの仕事を通じて、優れたSEが育っているのか言えば、全くそうではないから困ったものだ。

そもそもSEは、アーキテクトと違って何らかの仕組みをゼロから「創造」する必要はない。要件を明確にしたうえで、必要となる機能をどう実装するかを検討するのが仕事だ。一応、仕組みを考えているとは言えるが、既存の業務をシステム化することが大半だから、考える仕組みとはまさに「機能をどう実装するか」のみである。実に単純な仕事だ。「システム導入を機に業務のやり方（仕組み）を変えましょう」と提案するなら創造的な仕事になるが、「それはお客さまやコンサルタントの仕事」として避けてしまう。

しかも最近、その単純な仕事がさらに単純になっている。大規模な案件であっても、ERPなど出来合いのパッケージソフトウエアなどをシステムのベースに使うケースが増えてきたから、必要となる機能をどう実装するかを検討する機会は大幅に省略される。後はフィット&ギャップ分析などで、客が要望する（本当は必要でないかもしれない）機能をどうつくるかだけを検討する。これはもう、仕組みを考えるという創造性とは無縁の世界だ。

SEですらそのレベルだから、SIerをはじめとする人月商売のITベンダーでは、仕組みを考えてプログラミングで形にしていくプログラマーが育たない。どんなにプログラムを書いても、仕様に基づいてコーディングしているだけだ。つまりコーダーばかりである。余計なことを言えば、人月商売のIT業界では、そんなコーダーにも「SE」との肩書を与えるから、もう訳が分からない状況になっている。

基幹系刷新では誰も「仕組み」を考えない

もう一度書くが、ソフトウエアの本質は、それに実装されている何らかの仕組みにある。プログラマーであろうが、アーキテクトであろうが、「本物の」ＳＥであろうが、その仕組みを考えて実装するのが仕事である。そして、ここまでが技術者である。単に言われた通り、仕様通りにプログラムを書いているなら、技術者ではなくコーダーと言う名の作業員である。先ほどは料理の世界と比べたが、機械や土木などの世界の技術者もきっと同じであろう。

そんなわけで人月商売のＩＴ業界にいるのは、ソフトウエアの本質である仕組みをろくすっぽ考えない、なんちゃってＳＥや自称プログラマーばかりである。しかも話をさらに悲惨にするのは、システム開発を依頼する側、つまりユーザーであるビジネスサイドの連中も、新たにどんな仕組みをつくるのか、あるいは既存の仕組みをどう変えるのかを丸っきり考えていないことだ。

例えば基幹業務システムの刷新ならば、新旧のシステムに実装するのは業務プロセスなどビジネスの仕組みである。本来なら刷新を機に、このビジネスの仕組みをどう変えるのかについて、ビジネスサイドの人やSE、プログラマーが真剣に考えて議論すべきなのだ。だが、誰も考えようとしない。特にITベンダーのなんちゃってSEや自称プログラマーは「それはお客さまがやること」との固い「信念」があるから、全く考えようとしない。かくして、何度刷新しても「現行通り」のシステムがつくられ続ける。

人月商売のITベンダーからすれば客のシステムなのだから、客が「現行通り」と言えばその通りにつくればよい（ただしプロジェクトは大概悲惨な結果になる）。ただし、そんな仕事ばかり続けていると、つまり仕組みを考えないコーダー仕事などを続けていると、技術者ならぬ作業者には成長がない。というか35歳あたりから劣化が始まる。最新技術を習得するのは加齢とともに大変になるし、コーディングスピードも若手に勝てなくなる可能性が高まるからだ。

そんなわけで、仕組みを考えて実装できる本物のプログラマーにならないと、中高年になったときに大変だぞ……とあおりたいところだが、現実はもっと複雑だ。「現行通り」のシステムがずっと生き残り続けているので、そのシステムのお守りをしていれば稼ぎは少なくても食いっぱぐれることはない。特にCOBOLプログラムが生き残っていると、とても安心だ。今どき若手が「参入」してくることはほとんどないから、コーダー稼業でも食っていけた。

めでたしめでたし……とは、もちろんいかない。時代は大きく変わり始めている。そう、ビジネスや社会のデジタル化、いわゆるデジタル革命の進展だ。巨大プラットフォーマーが主導するクラウドの急速な普及により、既存のビジネスや社会を変え得る新たなサービス（仕組み）を低コストでつくれるようになった。だからこそ、少人数で起業したＩＴベンチャーが続々と登場し、既存の産業や企業に取って代わるデジタルディスラプター（デジタルによる破壊者）を目指し、しのぎを削っているのだ。

仕組みを考えてそれを実装できる本物のプログラマー、そしてアーキテクトにとっては、最高にハッピーな時代が始まっているわけだ。特に日本では圧倒的に人材が足りず、引く手あまただ。これからは20代の若手であっても、年収１０００万円程度の「低賃金」しか出せないような企業で働く必要はない。転職、副業は自由自在。何なら優秀な仲間とともに起業に踏み切ってもよい。作業員ではなく技術者である限り、素晴らしい未来が約束されている。

デジタルの時代に座して死を待つことはない

では、作業員にすぎない自称プログラマー、なんちゃってSEはどうか。これはもうお察しの通りである。人月商売のIT業界に在職する作業員はこれから先、どんどん用済みになっていく。途方もない工数をかけてシステムをつくり上げる大規模プロジェクトはこの先、数を急速に減らしていくはずだからだ。

大規模プロジェクトの花形だった基幹系システム刷新でも、ERPやクラウドサービスの機能を可能な限りそのまま使うことが当たり前になる。ERPベンダーなどに高額のライセンス料を支払うのに、どうでもよい自社独自の業務のやり方をシステムに組み込むために、さらにSIerにばか高い人月料金を支払うのは愚かだ――。そんな当たり前の認識が日本企業にもようやく広まりつつある。

大規模プロジェクトの需要が大きいから、人月商売のIT業界では多重下請けという分業体制が発達した。元締のSIerは、少しだけ仕組みを考えるSEと現場監督のプロジェクトマネジャーを出し、2次請け以下の多くの下請けITベンダーが大勢のコーダーを送り込む。こうしたプロジェクトを幾つもこなすことで、人月商売のIT業界は潤ってきたわけだが、そんな前時代的な労働集約型の商売はまもなく成り立たなくなる。

くだらない基幹系システム刷新でお金をドブに捨てるようなまねをやめたユーザー企業は当然、浮いたIT予算を顧客接点のデジタル化といったビジネスのデジタル化、そして全社的なDXの取り組みに使うようになる。その際に必要となる人材はもちろん、仕組みを考えてそれを実装できるプログラマー（できればアーキテクト）である。そんなわけなので人月商売のIT業界にいる作業員たちは、コーダーなどに甘んじていれば先はないが、プログラマーという技術者を目指せば前途洋々たる未来が開ける。

最後に、ここまでずっと曖昧に表現してきた「仕組みを考える」について、少し詳しく書いておこう。既に理解している読者も多いかと思うが、プログラマーやアーキテクトが考える仕組みとは、ビジネスの仕組み（ビジネスモデルや業務プロセスなど）とシステムの仕組み（アーキテクチャー、ビジネスモデルなどをどう機能として実装するか、など）の両方である。

そうした仕組みを一体で考えるには、マーケティングや法制度などのビジネスサイドの知識と、クラウドやAIなどの最新技術に対する知識が必要になる。「スーパーマンじゃないんだから、そんなの不可能だ」と思う読者が大勢いるだろうが、まさにその通りだ。だからこそ、様々な分野の専門家である技術者や、ITに詳しいビジネスサイドの人たちが集まる必要がある。ただし、専門領域ごとに仕組みを考えるといった「分業」をしては駄目だ。一緒に仕組み全体を検討しなければならない。

さて、人月商売のＩＴ業界で自称プログラマーやなんちゃってＳＥの仕事に甘んじているる皆さん、いかがだろうか。人月商売に先がないことを見切ったＳＩｅｒは、下請けＩＴベンダーを切り捨てながら、そちらの世界に人材をシフトさせるのは間違いない。切り捨てられる側にいる人たちも、座して死を待つことはあるまい。本物のプログラマーの仕事は未来があるだけでなく、やりがいがあって楽しいぞ。

木村　岳史（きむら たけし）

1989年3月に日経BPに入社、日経コンピュータ編集部に勤務。92年3月に日経ニューメディア編集部に異動し、ITと通信・放送の融合をテーマに取材。95年1月に日経マルチメディアの創刊に参画しEC分野を取材。97年6月に日経ネットビジネス副編集長。2002年8月に日経システムプロバイダ副編集長。08年1月に日経コンピュータ副編集長、10年1月に日経コンピュータ編集長に就任。13年1月より現職。日経クロステックのコラム「極言暴論」「極言正論」などで、主に「経営とIT」の観点から論説活動を行っている。著書に『SEは死滅する 技術者に未来はあるか編』『SEは死滅する もっと極言暴論編』がある。

アカン！DX

2021年5月24日　第1版第1刷発行

著者	木村 岳史
発行者	吉田 琢也
発行	日経BP
発売	日経BPマーケティング
	〒105-8308　東京都港区虎ノ門4-3-12
装丁	松川 直也（日経BPコンサルティング）
制作	日経BPコンサルティング
印刷・製本	図書印刷

本書籍に関するお問い合わせ、ご連絡は下記にて承ります。
https://nkbp.jp/booksQA

ISBN978-4-296-10934-0